THIS JOURNAL OF MEMORIES BELONGS TO:

This One Line A Day Journal is an easy way to record a quick thought or jot down and save a simple memory. As our lives become ever more busy, this quick and easy journaling technique is a great way to retain special, happy or poignant moments in life.

With much warmth we wish you a wealth of wonderful journaling ahead.

EXAMPLE:

2018 *I am in love with Justin Bieber. We are going to get married even though my husband seems to disagree.*

2019 *This has been the longest day ever. First I locked my keys in my car, then was late for work and worst of all my husband ate the last cupcake we had leftover from my birthday. This is unacceptable. There will be consequences. Until next time...*

2020 *I became a parent today. 1. It is amazing. 2. What the heck have I done?! 3. The Justin Bieber dream is over.*

JANUARY 1

20

20

20

20

20

JANUARY 2

20

20

20

20

20

JANUARY 3

20

20

20

20

20

JANUARY 4

20

20

20

20

20

JANUARY 5

20

20

20

20

20

JANUARY 6

20

20

20

20

20

JANUARY 7

20

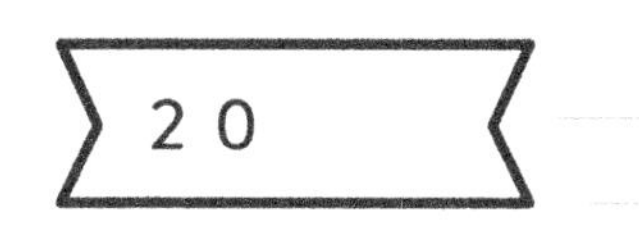

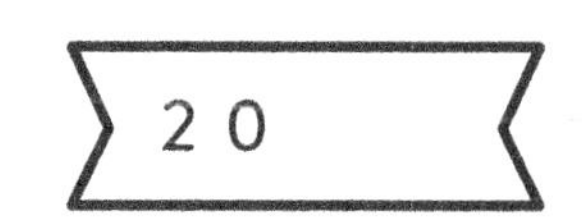

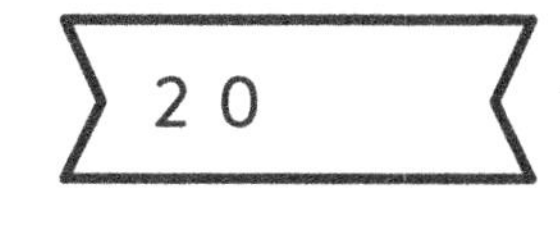

20

JANUARY 8

20

20

20

20

20

JANUARY 9

20

20

20

20

20

JANUARY 10

20

20

20

20

20

JANUARY 11

20

20

20

20

20

JANUARY 12

20

20

20

20

20

JANUARY 13

20

20

20

20

20

JANUARY 14

20

20

20

20

20

JANUARY 15

20

20

20

20

20

JANUARY 16

20

20

20

20

20

JANUARY 17

20

20

20

20

20

JANUARY 18

20

20

20

20

20

JANUARY 19

20

20

20

20

20

JANUARY 20

20

20

20

20

20

JANUARY 21

20

20

20

20

20

JANUARY 22

20

20

20

20

20

JANUARY 23

20

20

20

20

20

JANUARY 24

20

20

20

20

20

JANUARY 25

20

20

20

20

20

JANUARY 26

20

20

20

20

20

JANUARY 27

20

20

20

JANUARY 28

20

20

20

20

20

JANUARY 29

20

20

20

20

20

JANUARY 30

20

20

20

20

20

JANUARY 31

20

20

20

20

20

FEBRUARY 1
20
20
20
20
20

FEBRUARY 2

20

20

20

20

FEBRUARY 3

20

20

20

20

20

FEBRUARY 4

20

20

20

20

20

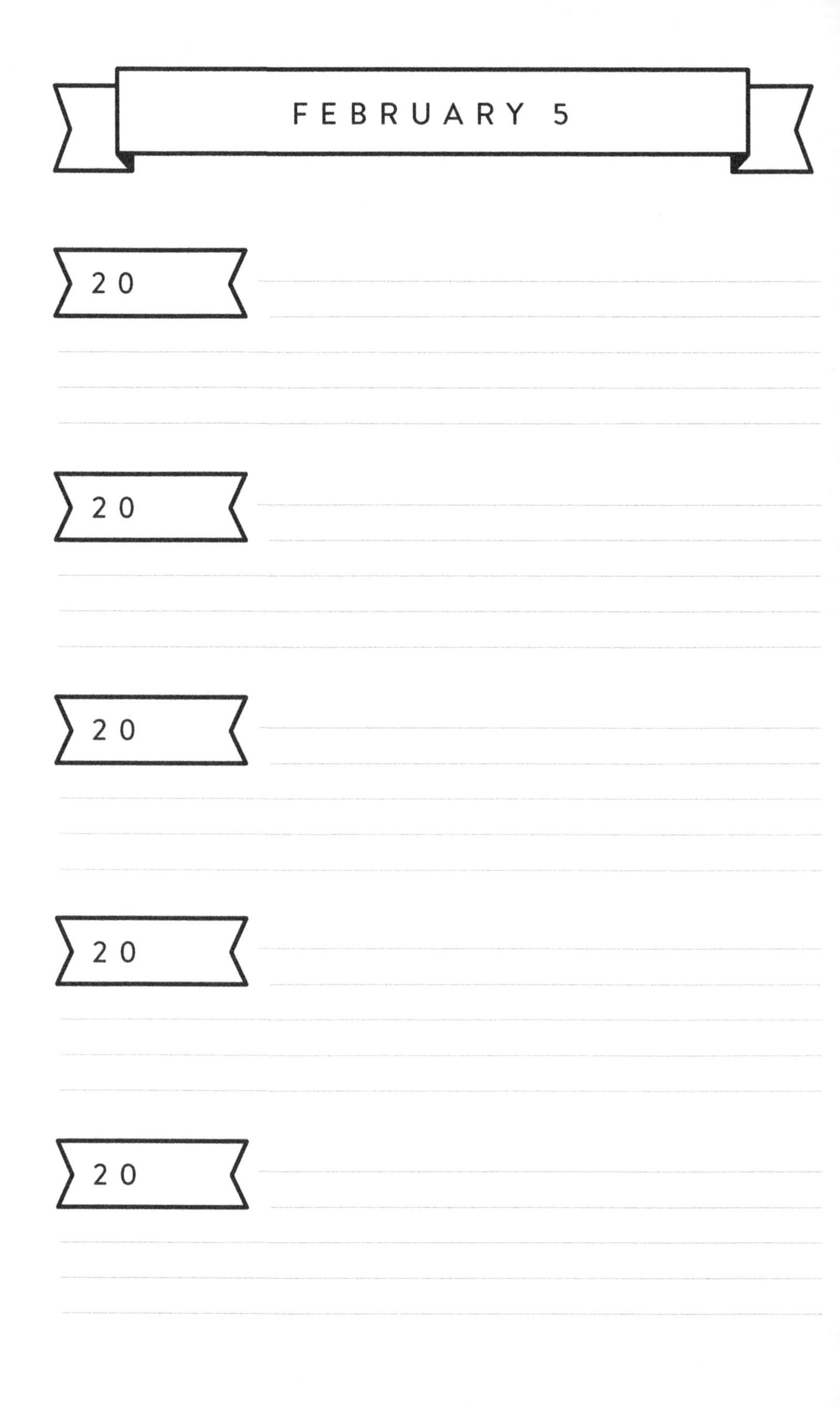
FEBRUARY 5
20
20
20
20
20

FEBRUARY 6

20

20

20

20

20

FEBRUARY 7

20

20

20

20

20

FEBRUARY 8

20

20

20

20

20

FEBRUARY 9

20

20

20

20

20

FEBRUARY 10

20

20

20

20

20

FEBRUARY 11

20

20

20

20

20

FEBRUARY 12

20

20

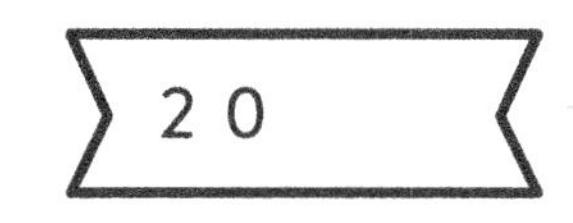

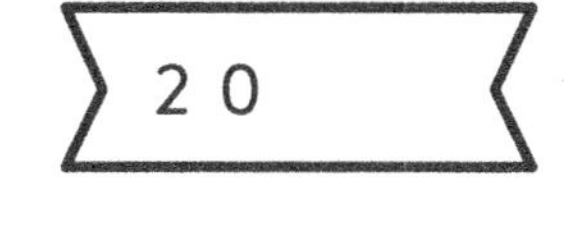

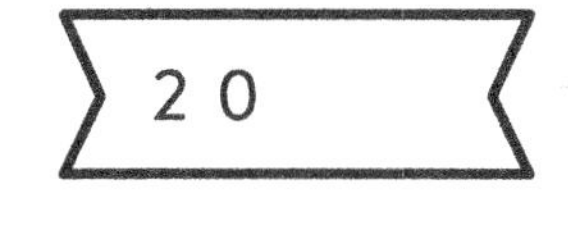

FEBRUARY 13

20

20

20

20

20

FEBRUARY 14

20

20

20

20

20

FEBRUARY 15

20

20

20

20

20

FEBRUARY 16

20

20

20

20

20

FEBRUARY 17

20

20

20

20

20

FEBRUARY 18

20

20

20

20

20

FEBRUARY 19

20

20

20

20

20

FEBRUARY 20

20

20

20

FEBRUARY 21

20

20

20

20

20

FEBRUARY 22

20

20

20

20

20

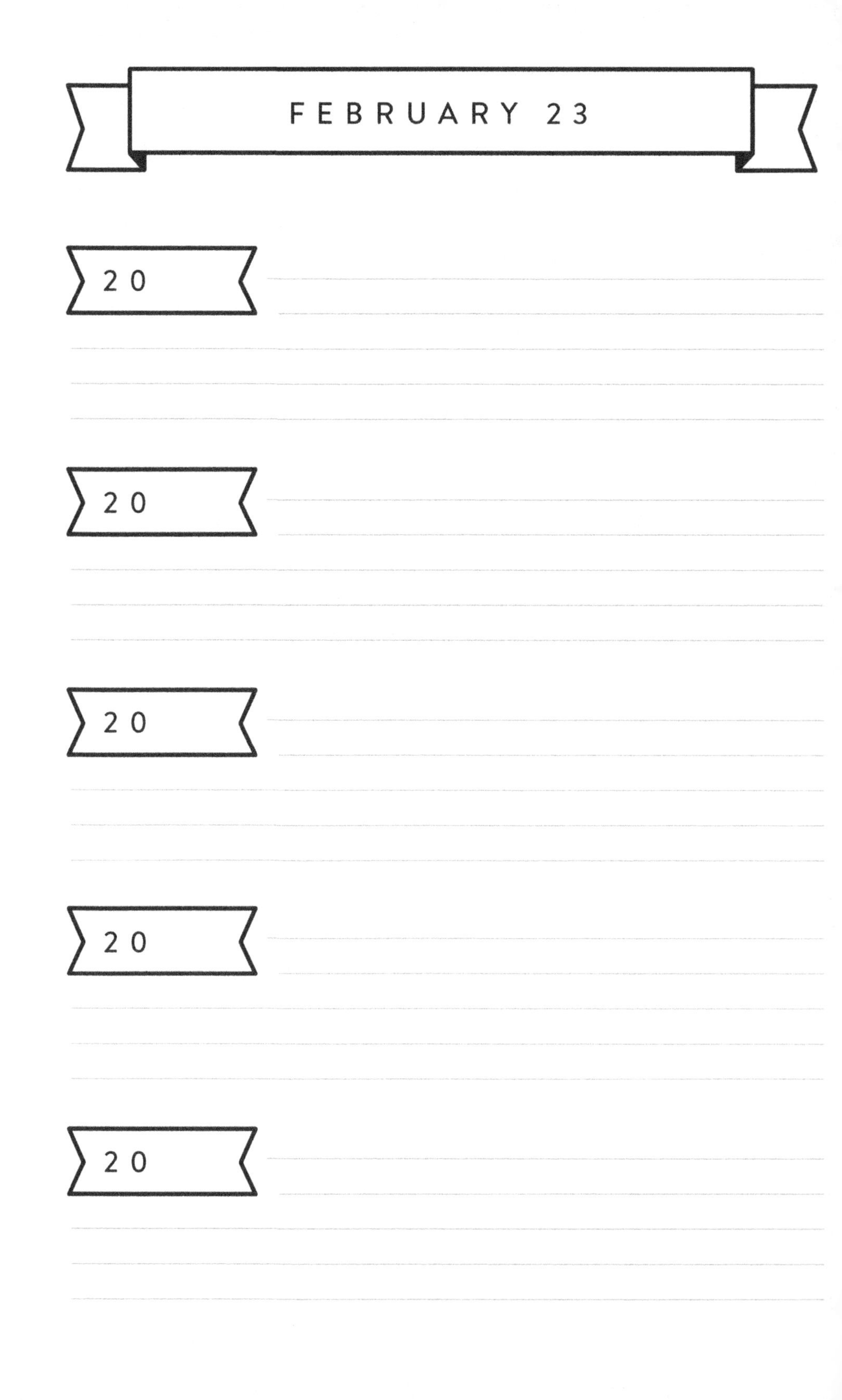
FEBRUARY 23
20
20
20
20
20

FEBRUARY 24

20

20

20

20

20

FEBRUARY 25

20

20

20

20

20

FEBRUARY 26

20

20

20

20

20

FEBRUARY 27

20

20

20

20

20

FEBRUARY 28

20

20

20

20

20

FEBRUARY 29

20

20

20

20

20

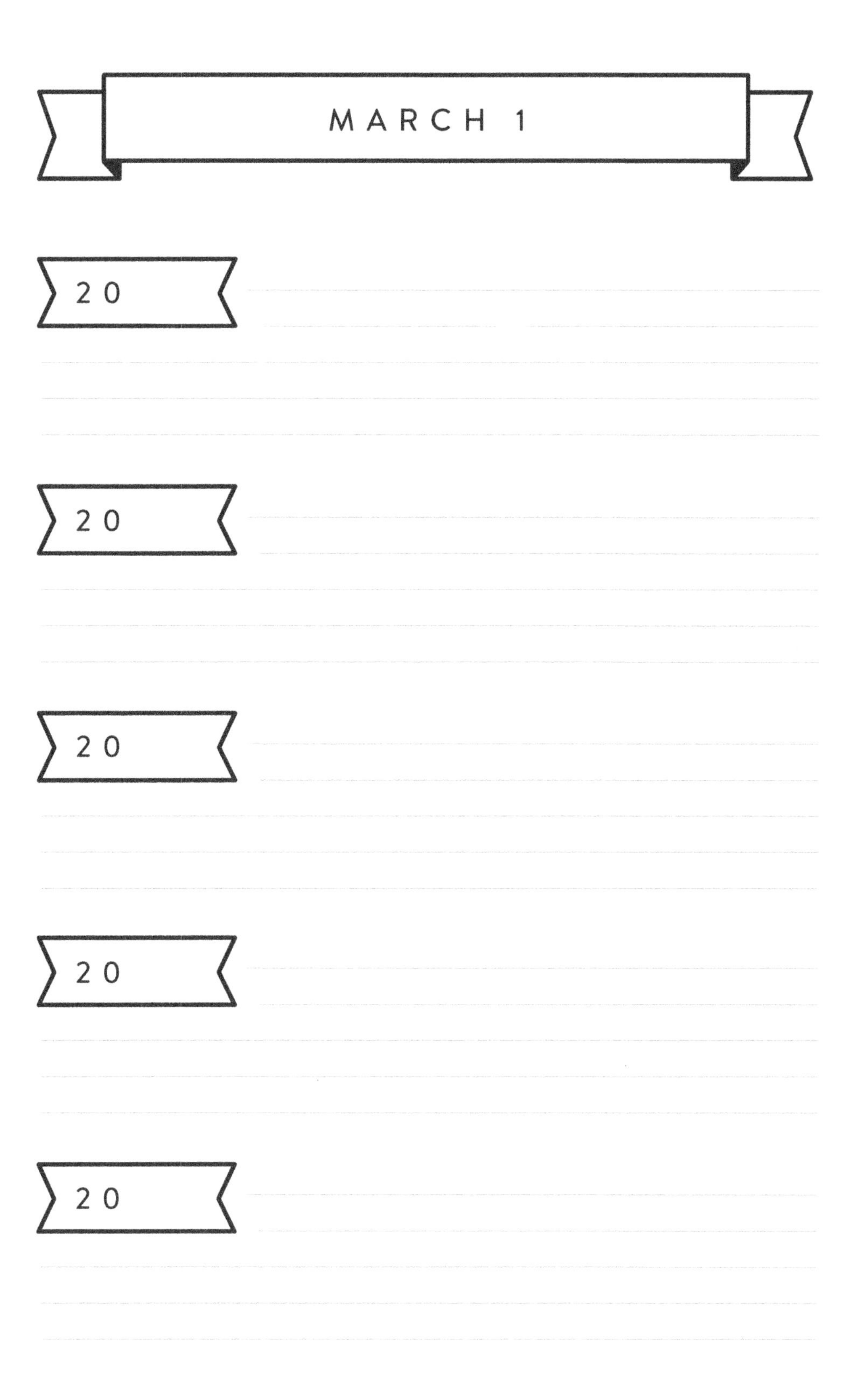
MARCH 1
20
20
20
20
20

MARCH 2

20

20

20

20

20

MARCH 3

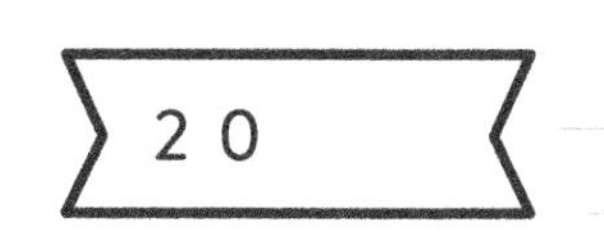

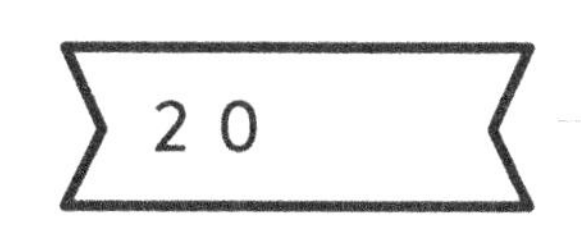

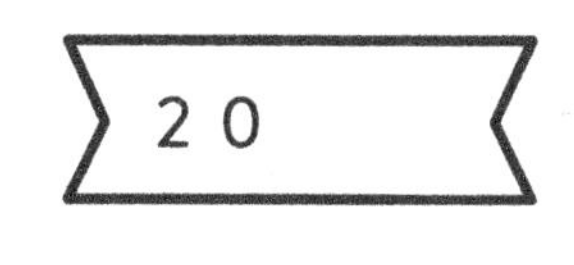

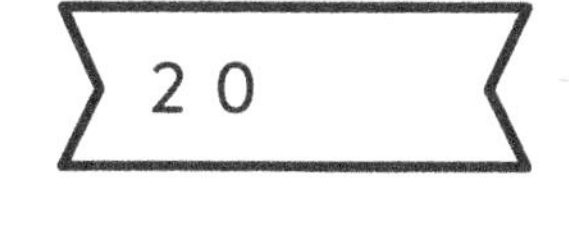

MARCH 4

20

20

20

20

20

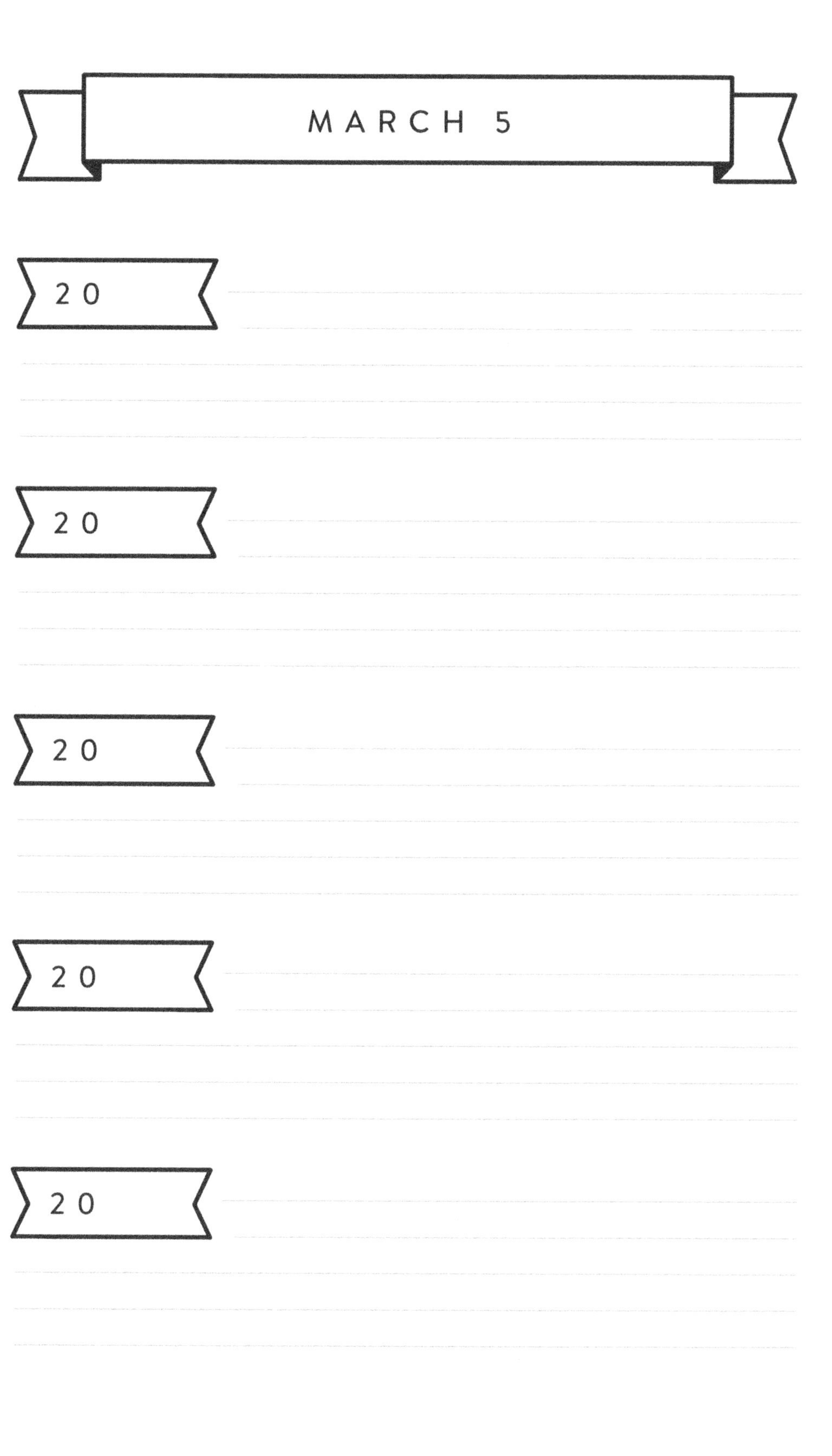
MARCH 5
20
20
20
20
20

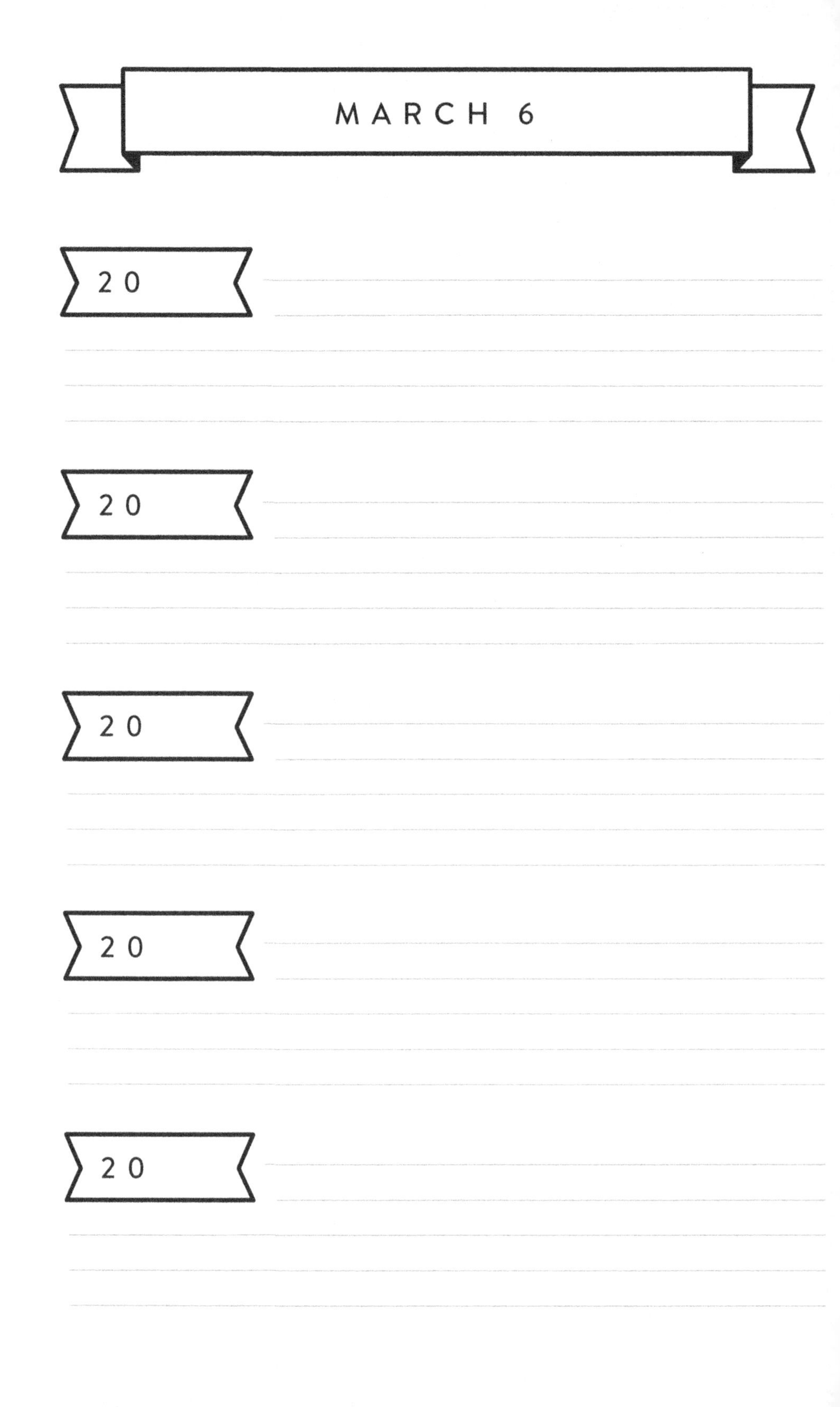
MARCH 6
20
20
20
20
20

MARCH 7

20

20

20

20

20

MARCH 8
20
20
20
20
20

MARCH 9

20

20

20

20

20

MARCH 10

20

20

20

20

20

MARCH 11

20

20

20

20

20

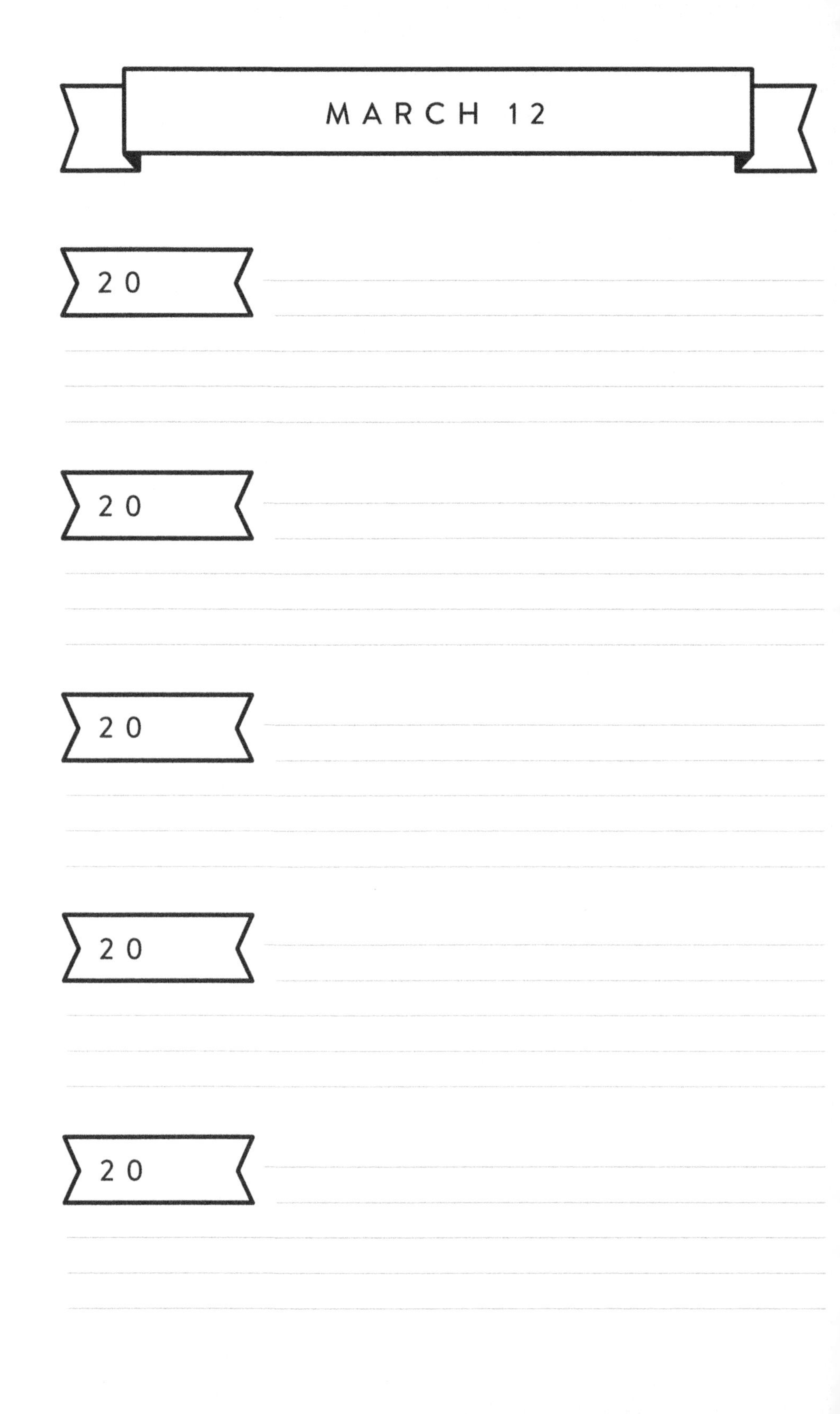
MARCH 12
20
20
20
20
20

MARCH 13

20

20

20

20

20

MARCH 14

20

20

20

20

20

MARCH 15

20

20

20

20

20

MARCH 16

20

20

20

20

20

MARCH 17

20

20

20

20

20

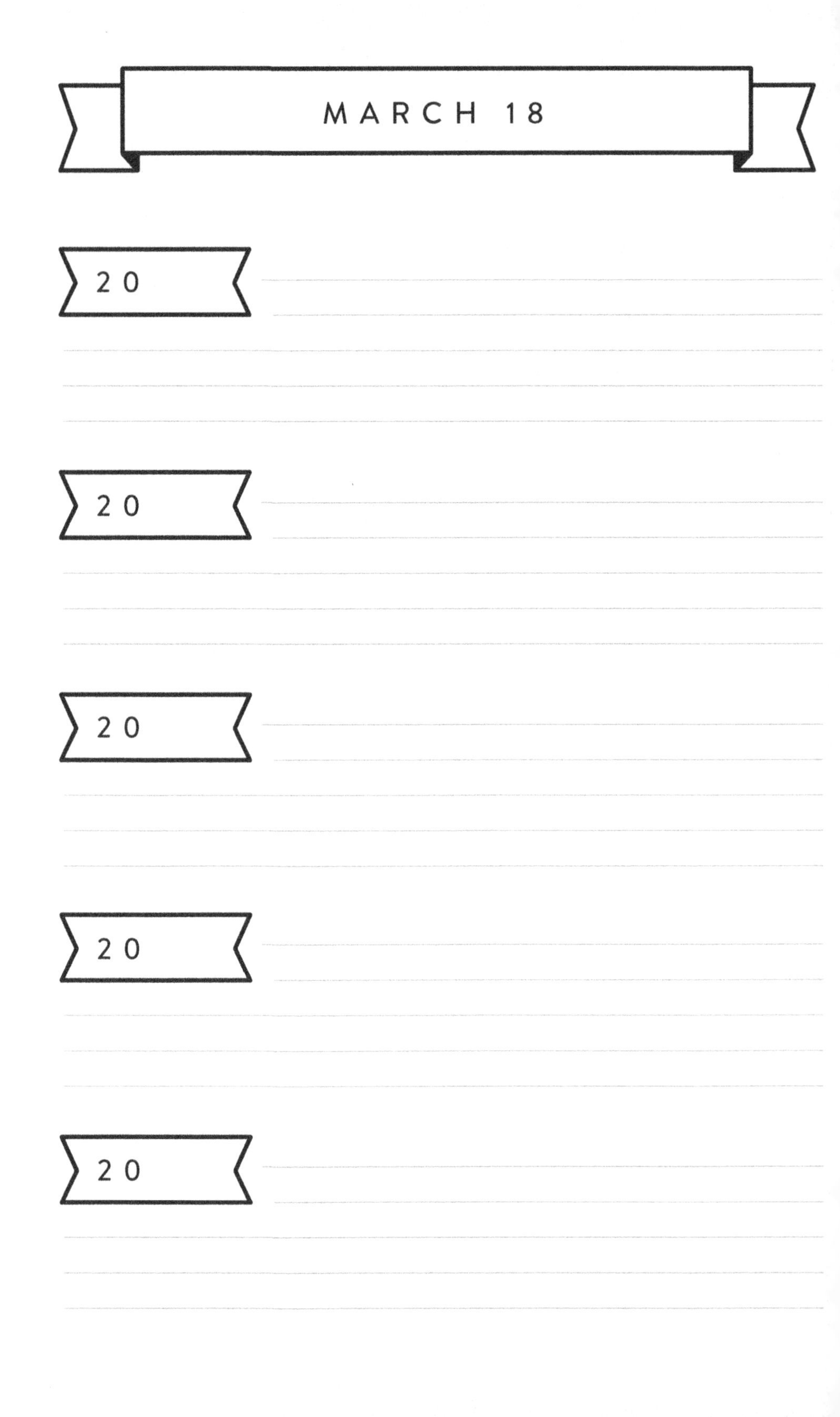
MARCH 18
20
20
20
20
20

MARCH 19

20

20

20

20

20

MARCH 20

20

20

20

20

20

MARCH 21

20

20

20

20

20

MARCH 22

20

20

20

20

20

MARCH 23

20

20

20

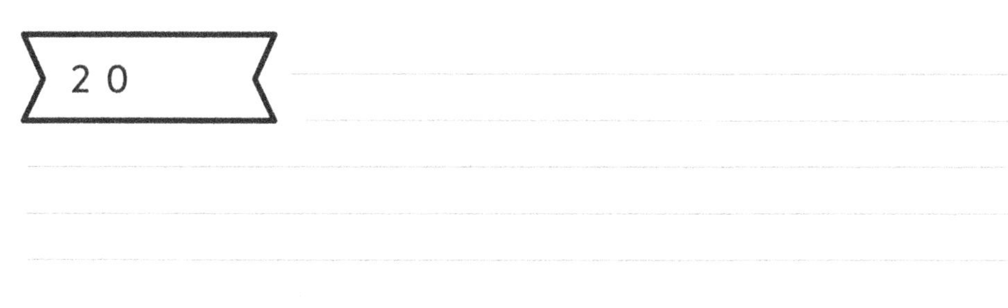

20

MARCH 24
20
20
20
20
20

MARCH 25

20

20

20

MARCH 26
20
20
20
20
20

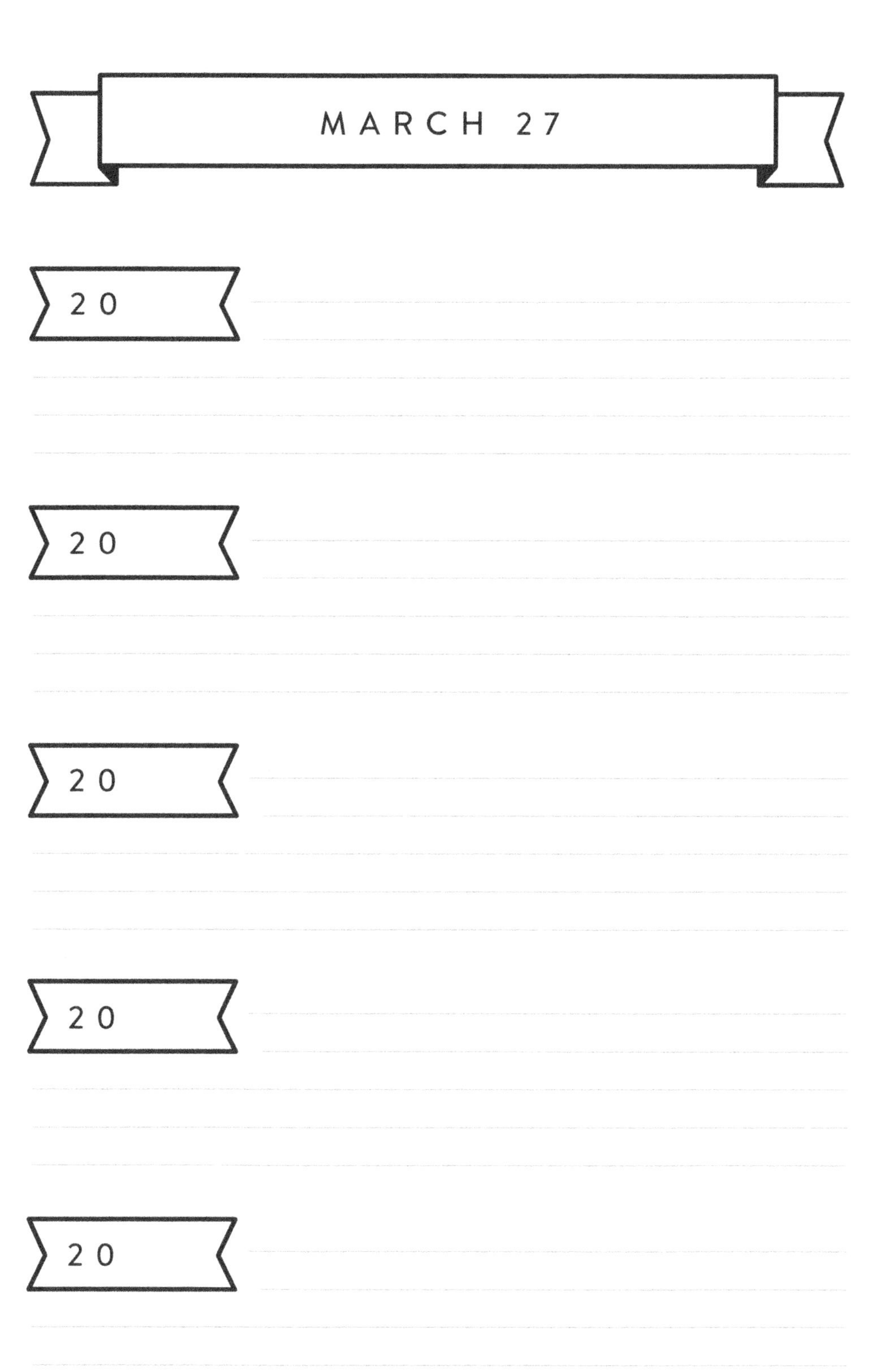
MARCH 27
20
20
20
20
20

MARCH 28
20
20
20
20
20

MARCH 29

20

20

20

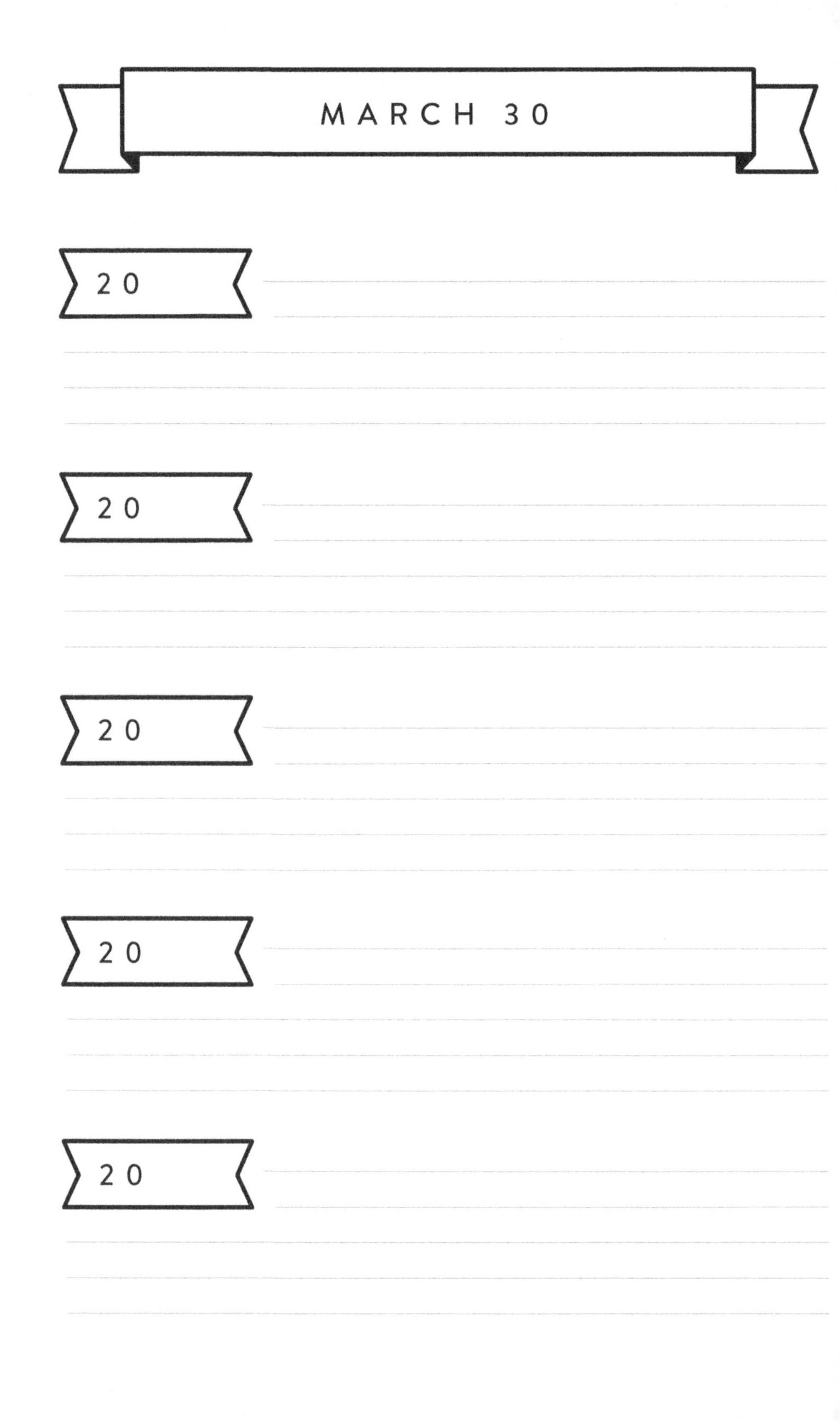
MARCH 30
20
20
20
20
20

MARCH 31

20

20

20

20

20

APRIL 1

20

20

20

20

20

APRIL 2

20

20

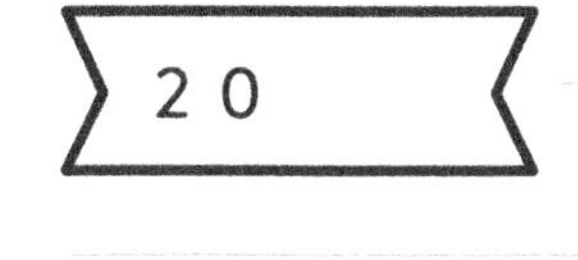

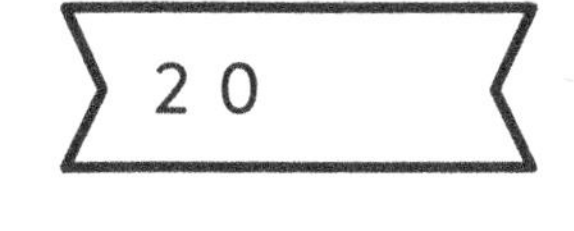

APRIL 3
20
20
20
20
20

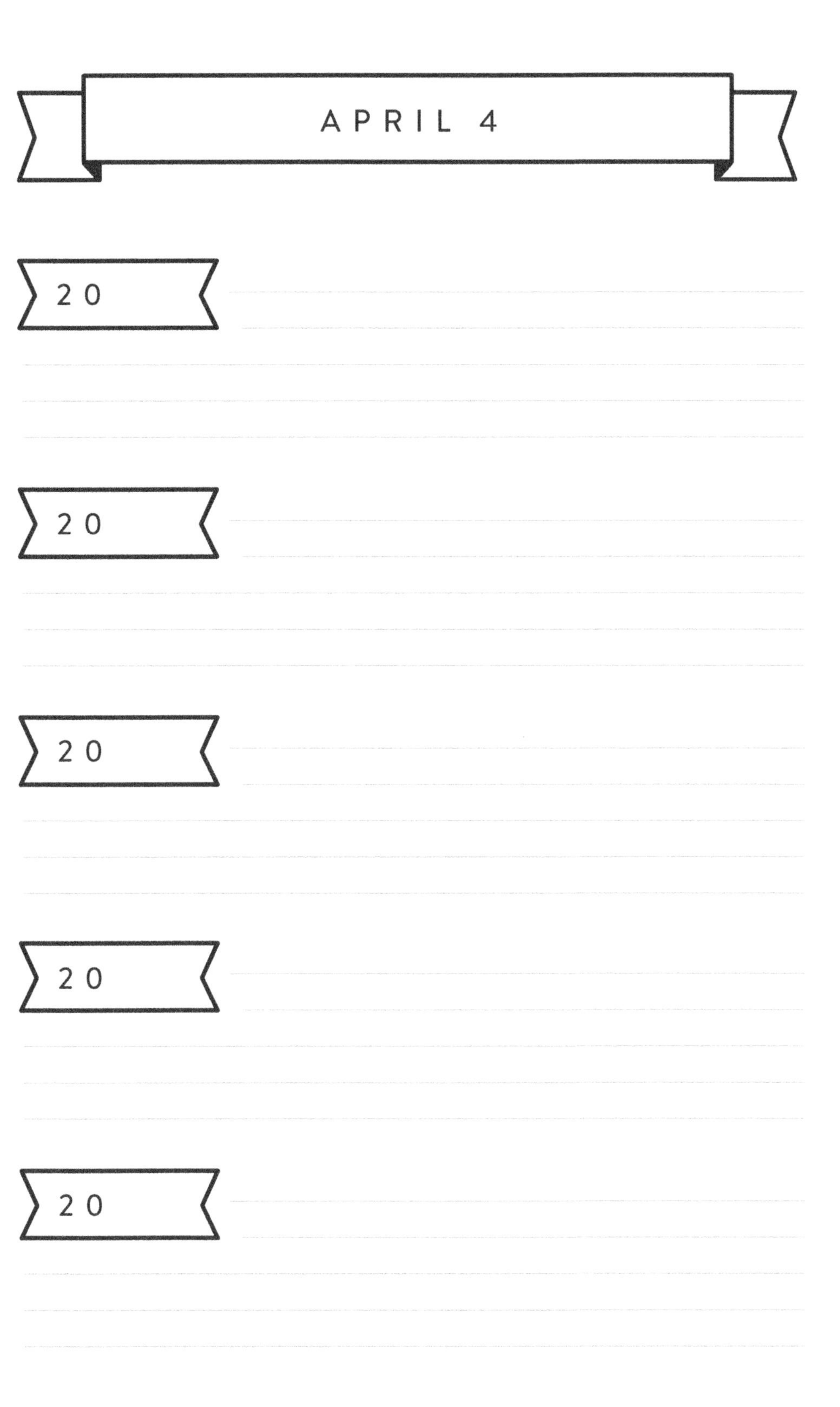
APRIL 4
20
20
20
20
20

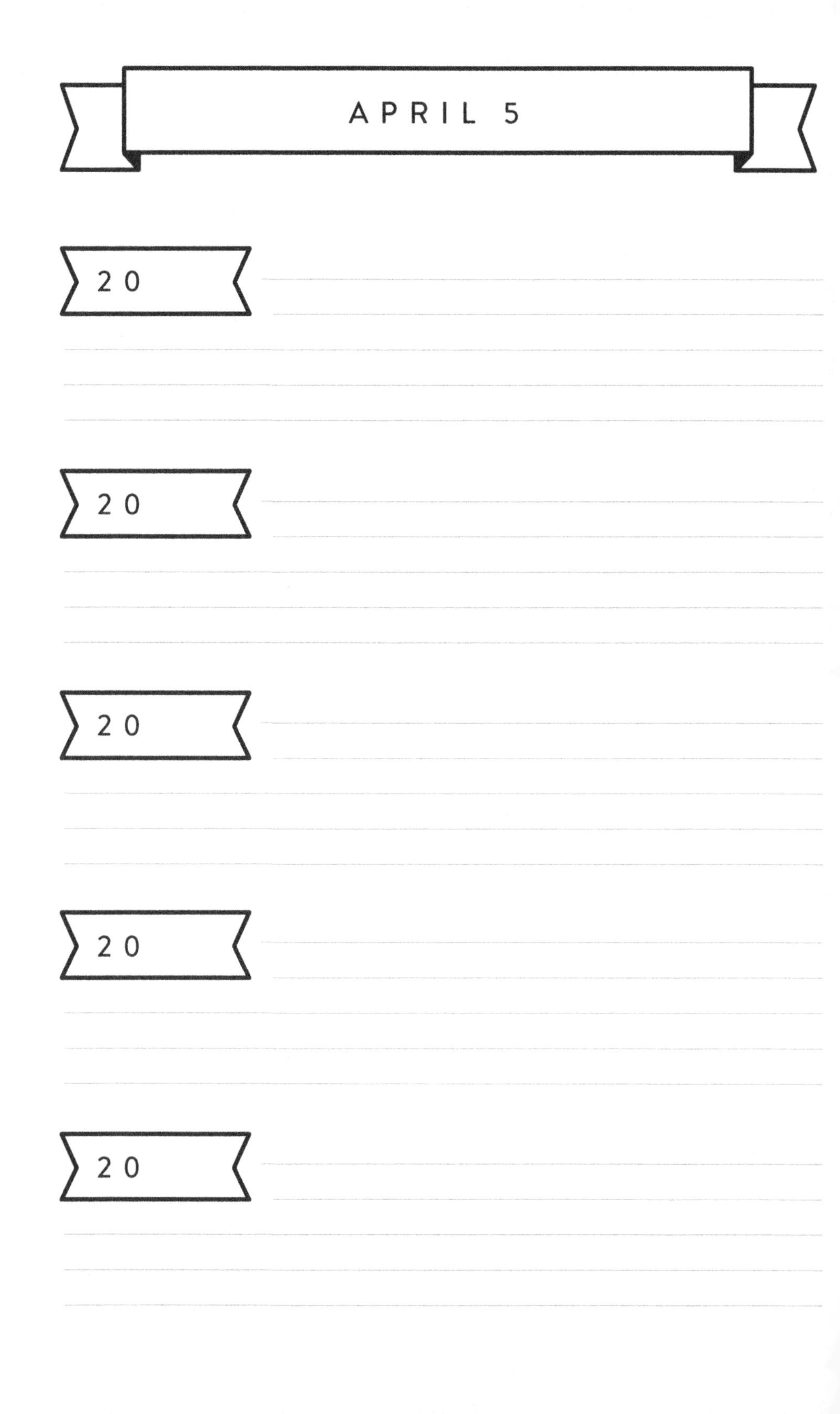
APRIL 5
20
20
20
20
20

APRIL 6

20

20

20

20

20

APRIL 7
20
20
20
20
20

APRIL 8

20

20

20

20

20

APRIL 9

20

20

20

20

20

APRIL 10

20

20

20

20

20

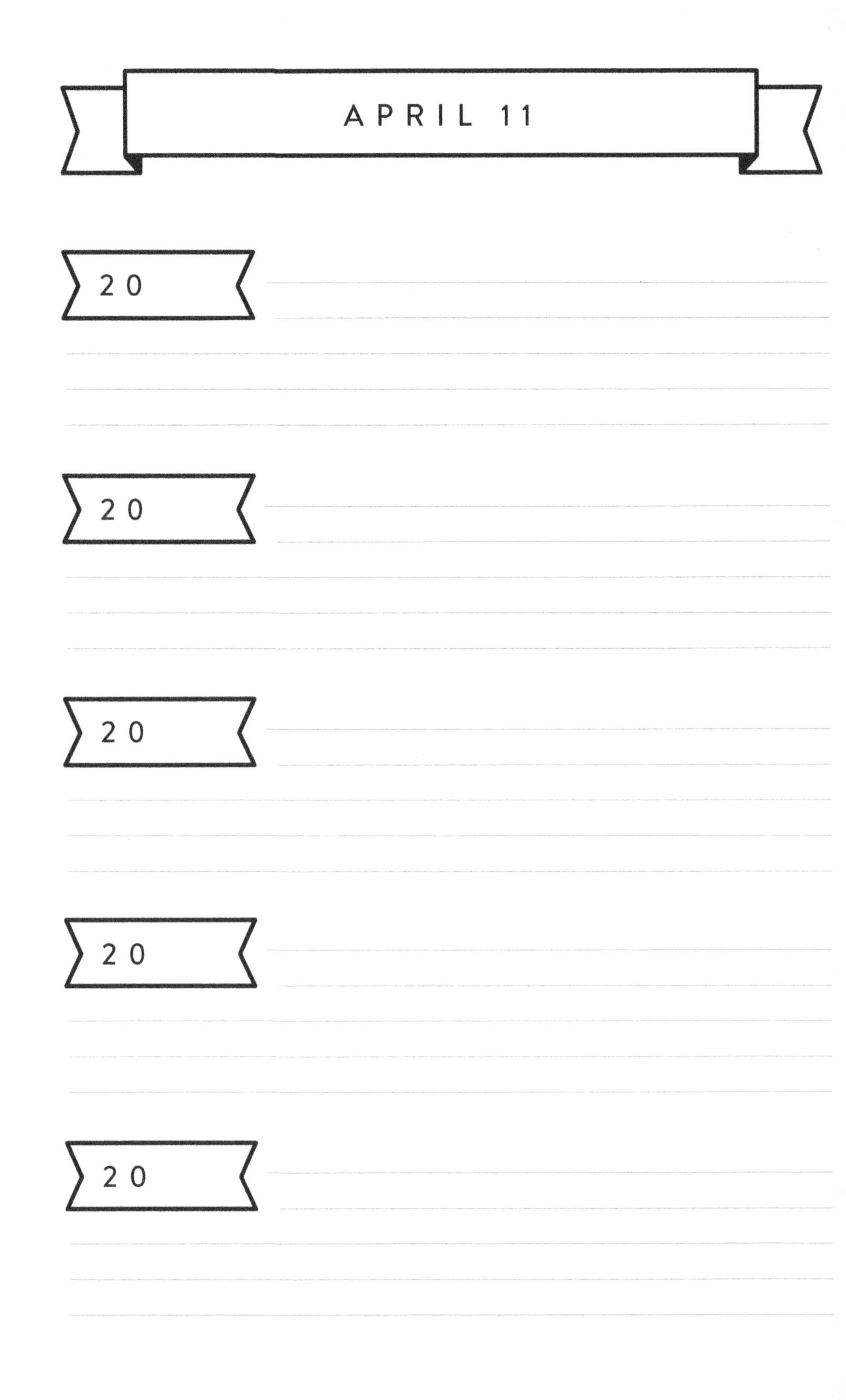
APRIL 11
20
20
20
20
20

APRIL 12

20

20

20

20

20

APRIL 13
20
20
20
20
20

APRIL 14

20

20

20

20

20

APRIL 15
20
20
20
20
20

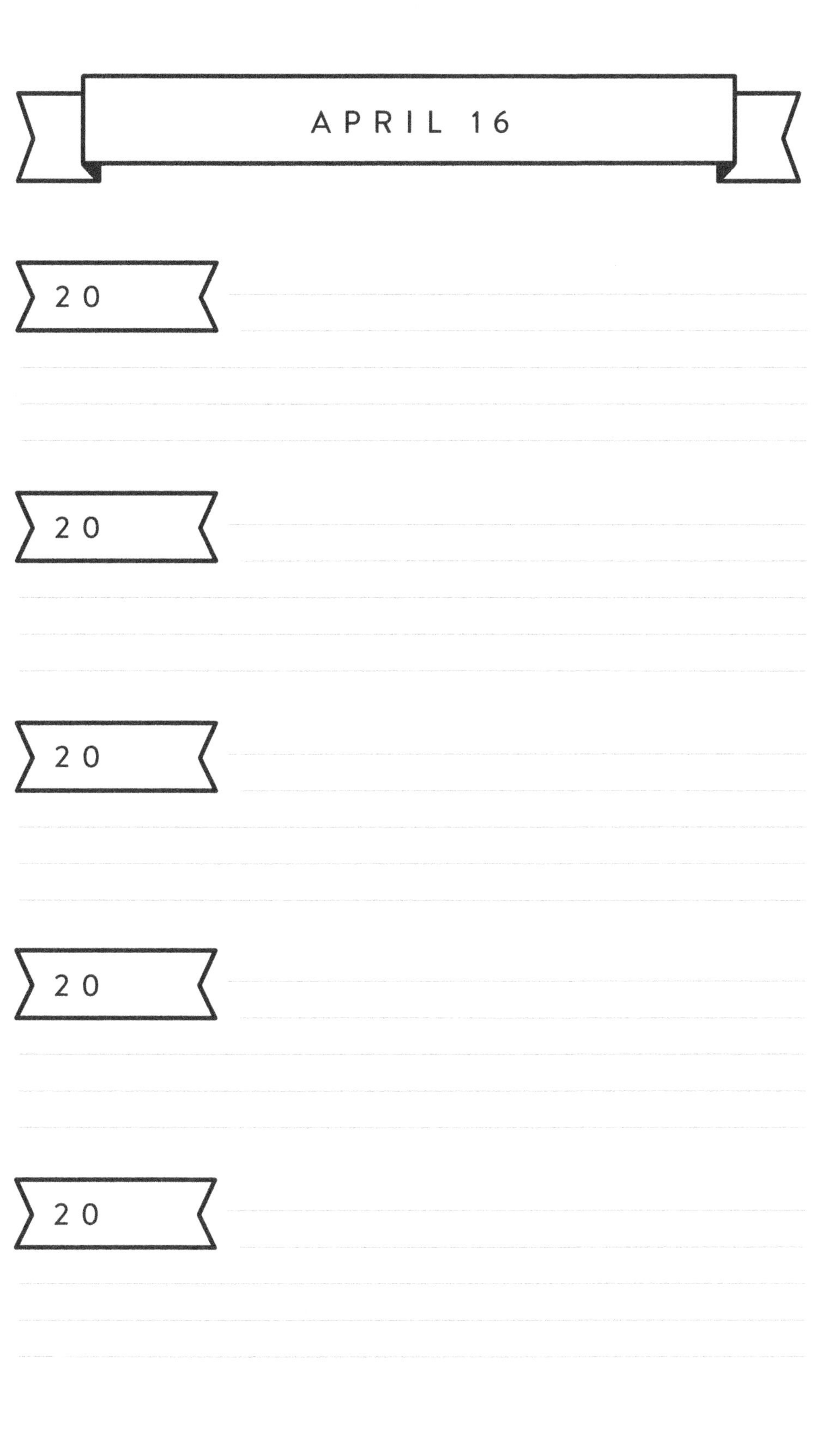
APRIL 16
20
20
20
20
20

APRIL 17

20

20

20

20

20

APRIL 18

20

20

20

20

20

APRIL 19

20

20

20

20

20

APRIL 20

20

20

20

20

20

APRIL 21
20
20
20
20
20

APRIL 22

20

20

20

20

20

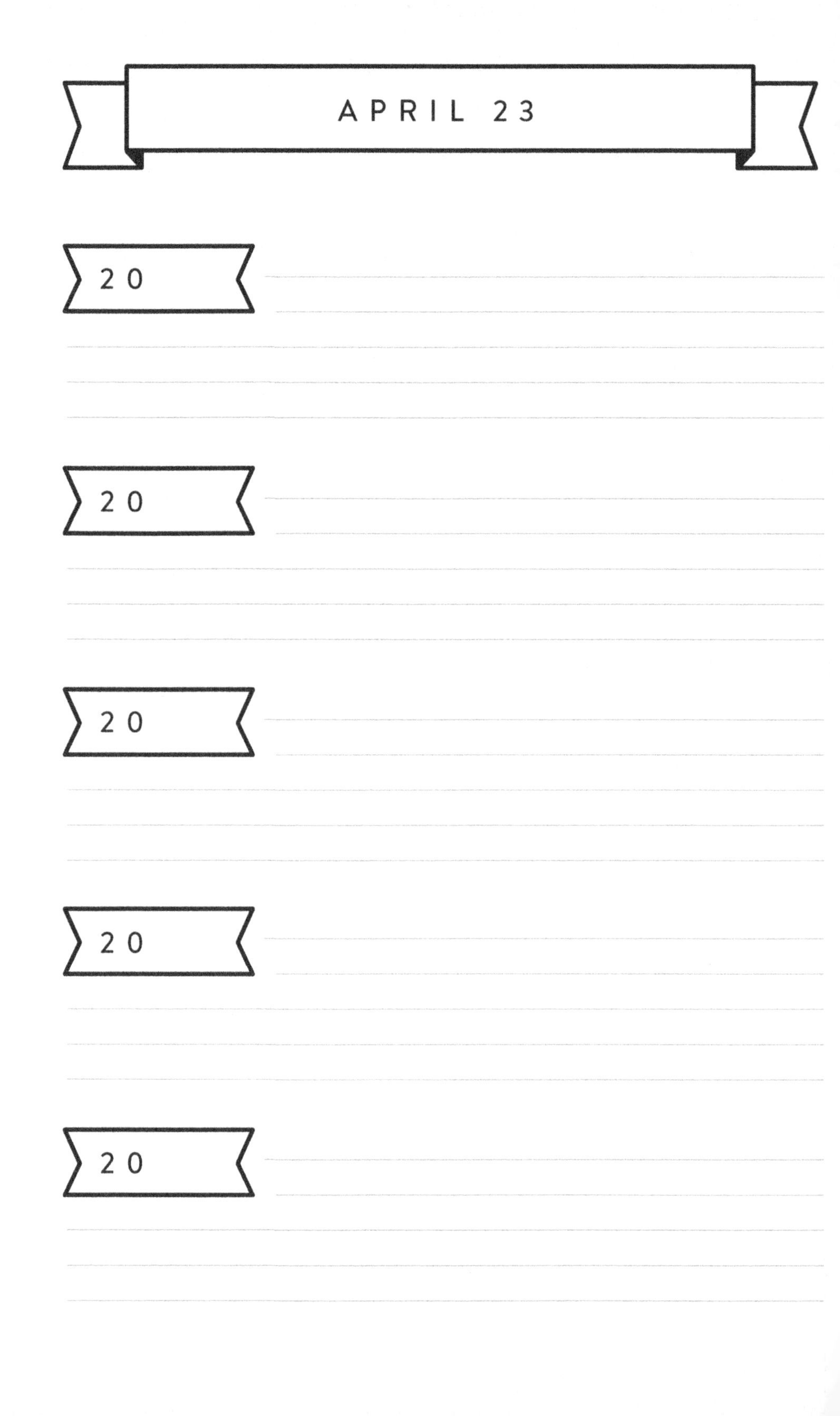
APRIL 23
20
20
20
20
20

APRIL 24

20

20

20

20

20

APRIL 25
20
20
20
20
20

APRIL 26

20

20

20

20

20

APRIL 27
20
20
20
20
20

APRIL 28

20

20

20

20

20

APRIL 29
20
20
20
20
20

APRIL 30

20

20

20

20

20

MAY 1
20
20
20
20
20

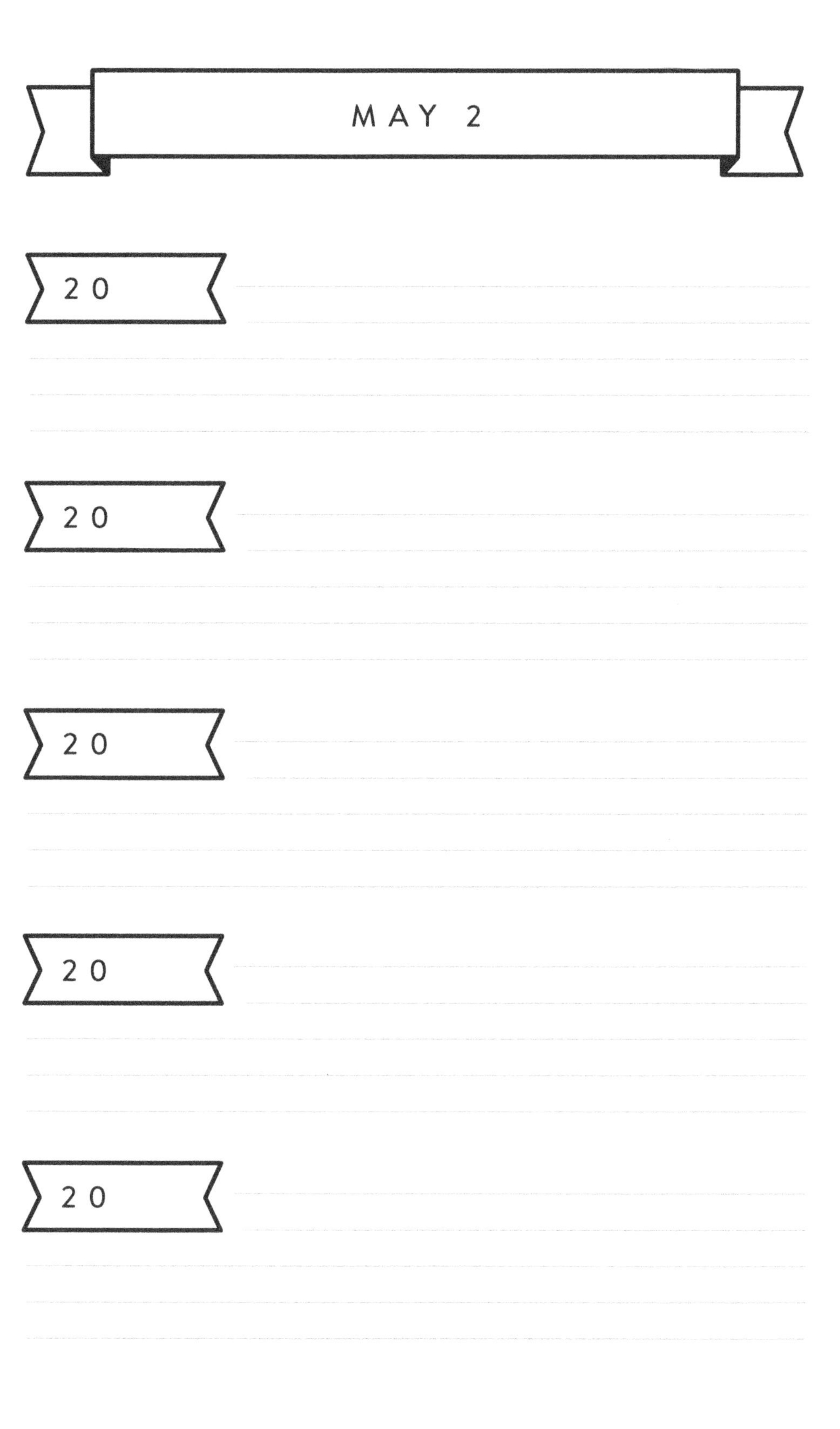
MAY 2
20
20
20
20
20

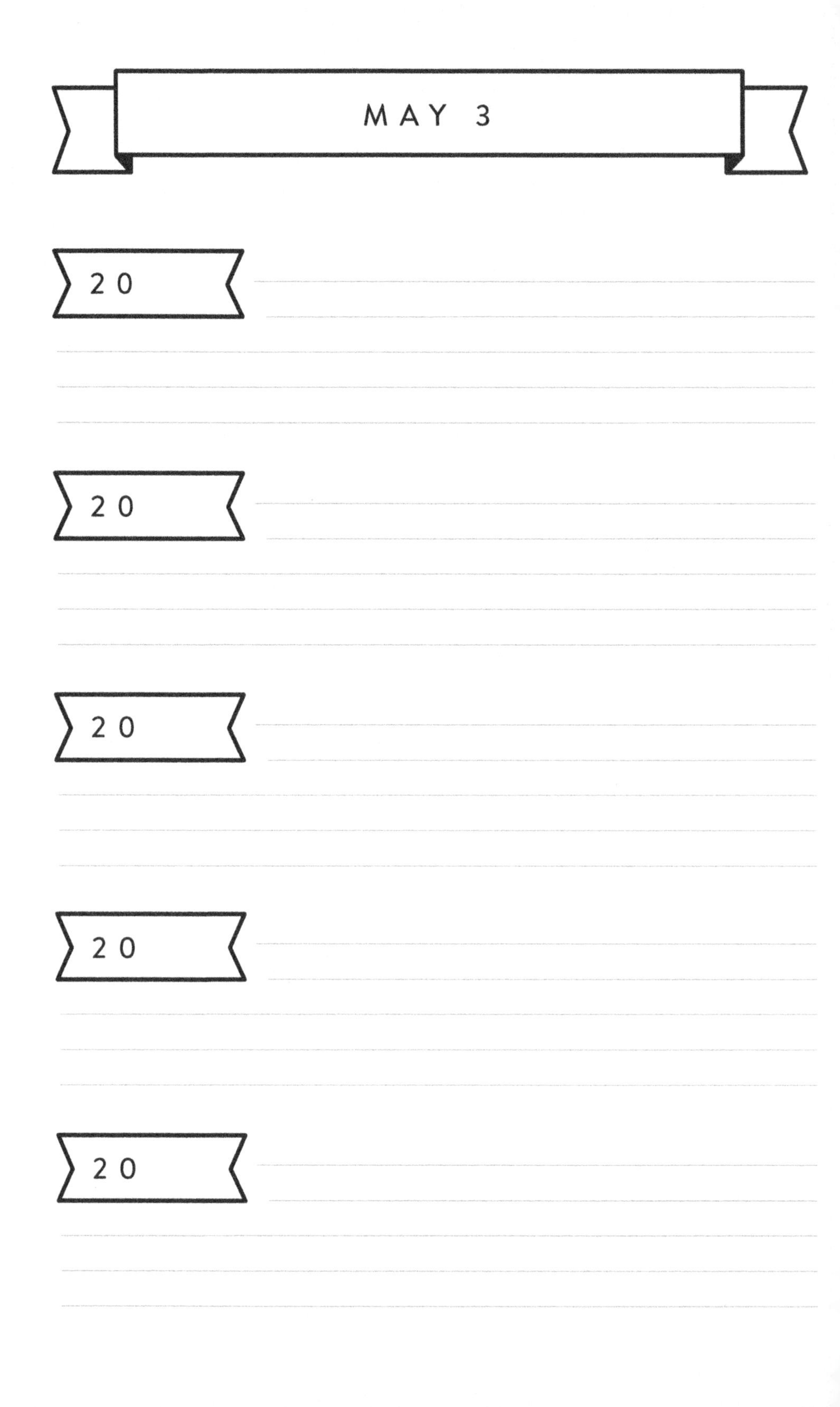
MAY 3
20
20
20
20
20

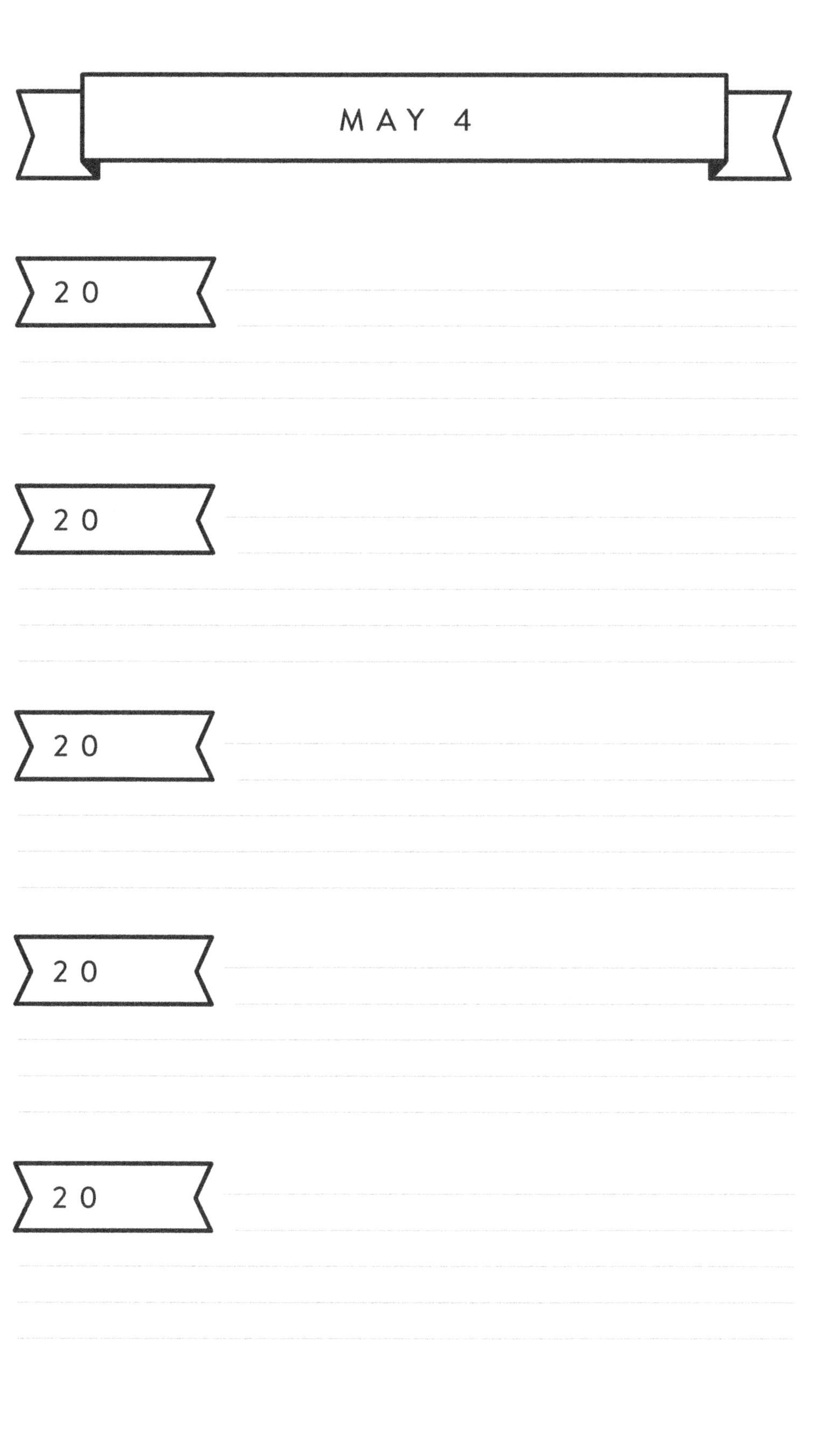
MAY 4
20
20
20
20
20

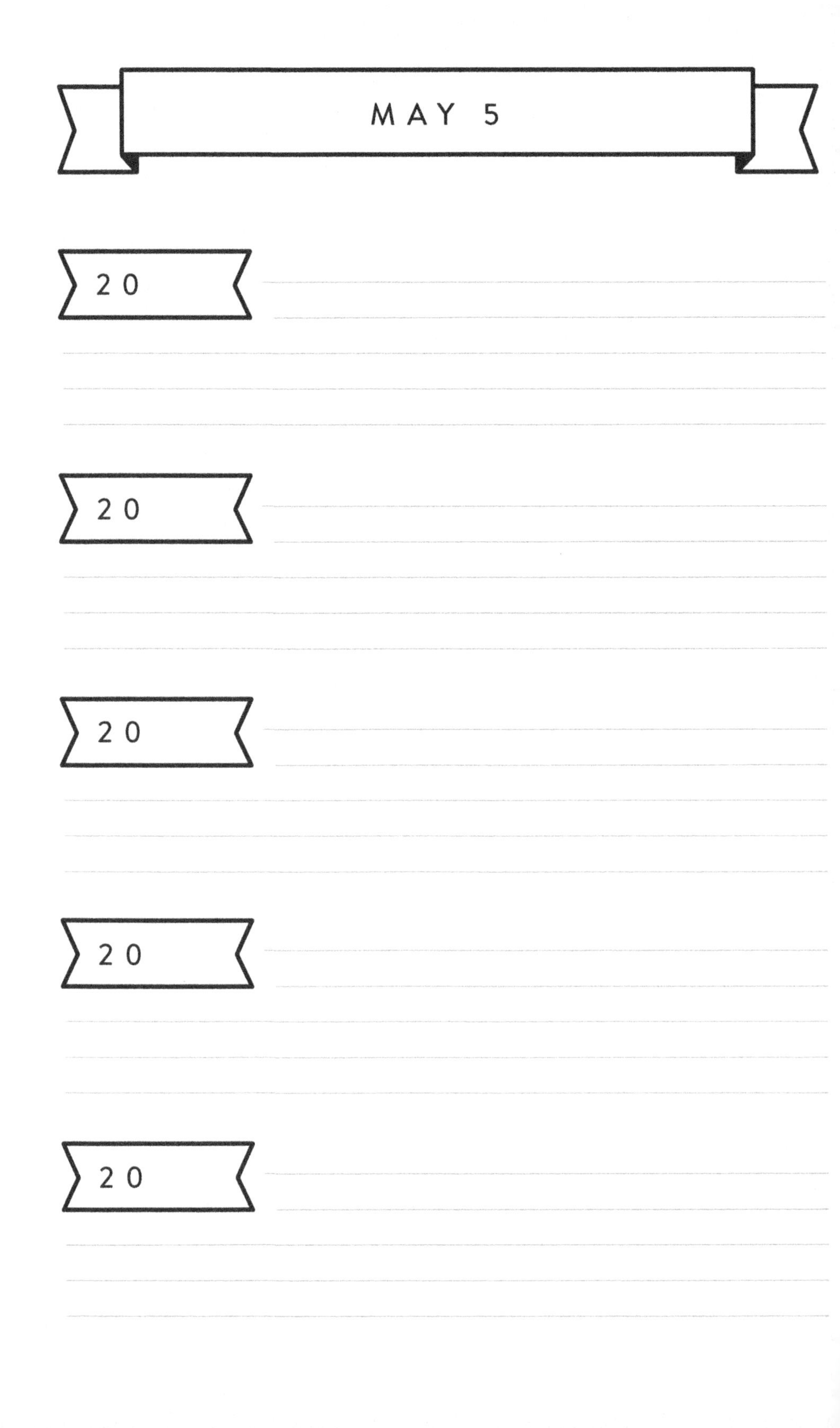
MAY 5
20
20
20
20
20

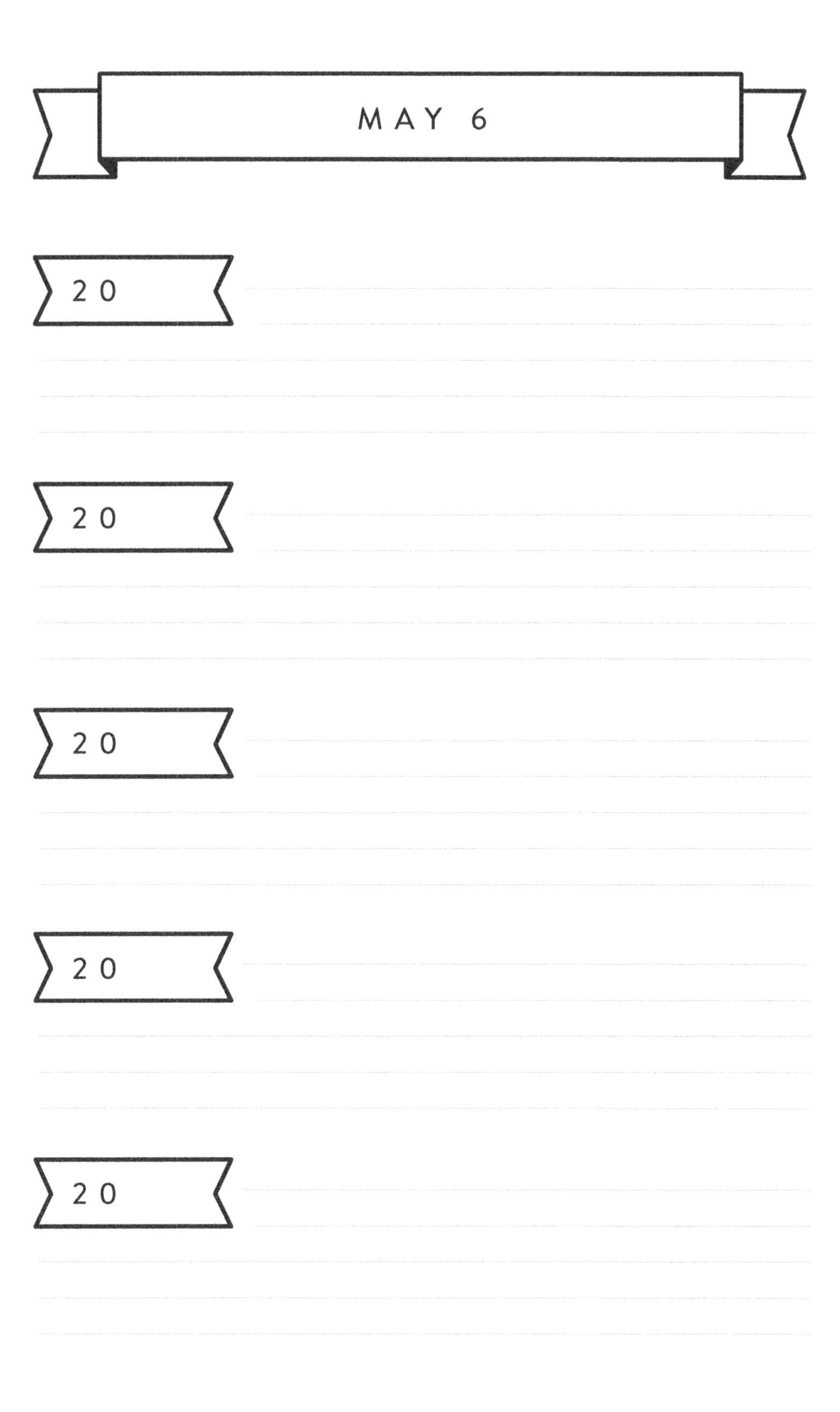
MAY 6
20
20
20
20
20

MAY 7

20

20

20

20

20

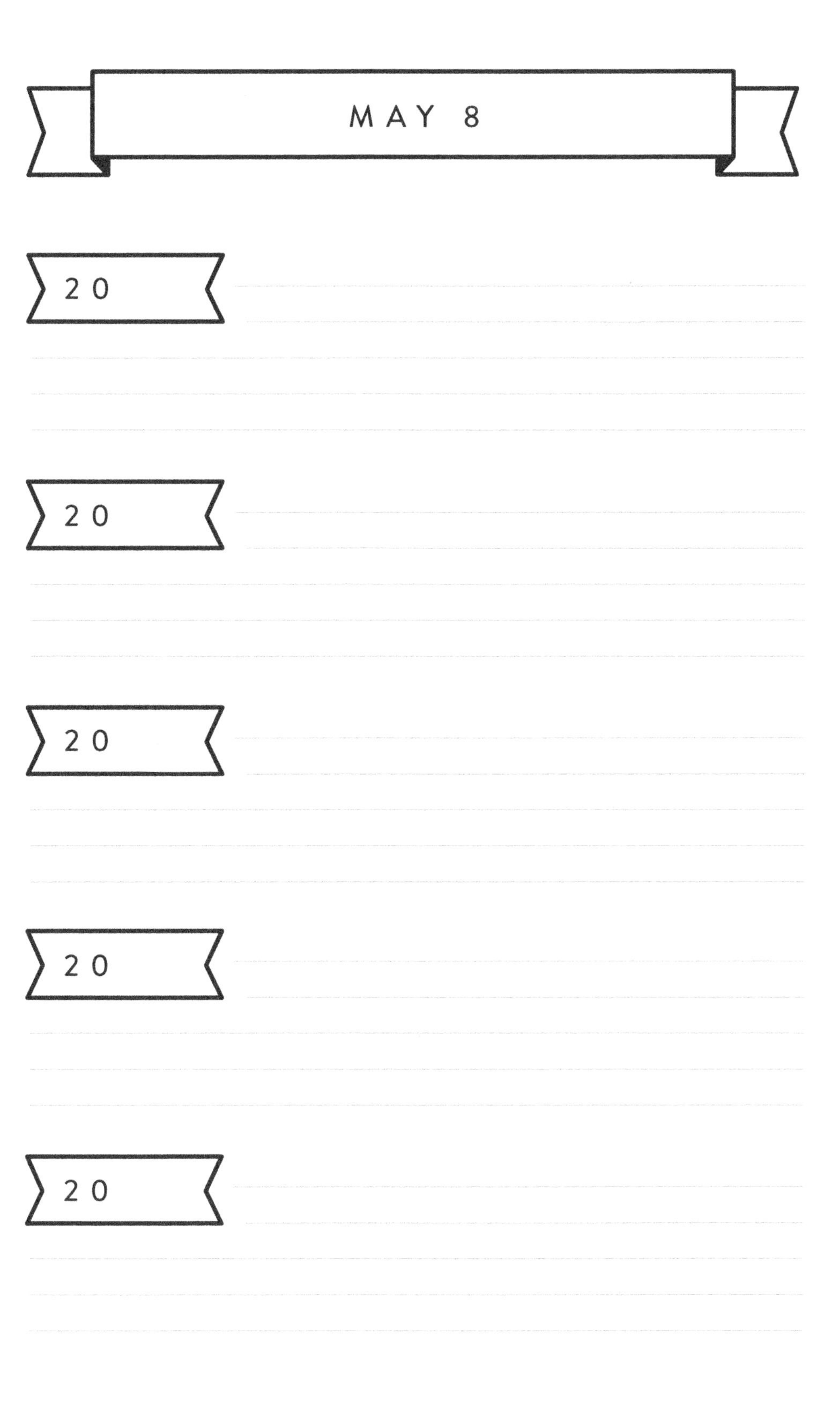
MAY 8
20
20
20
20
20

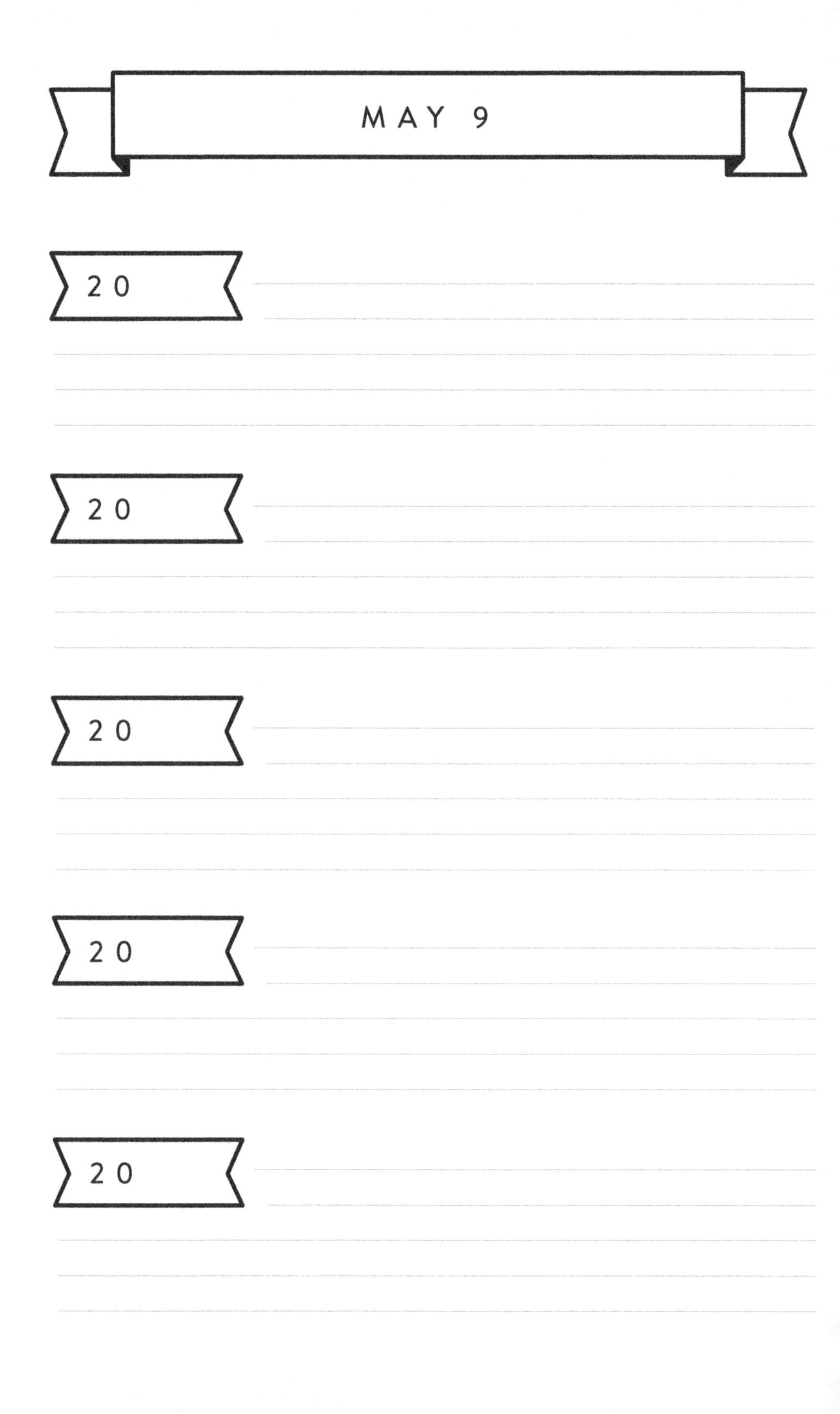
MAY 9
20
20
20
20
20

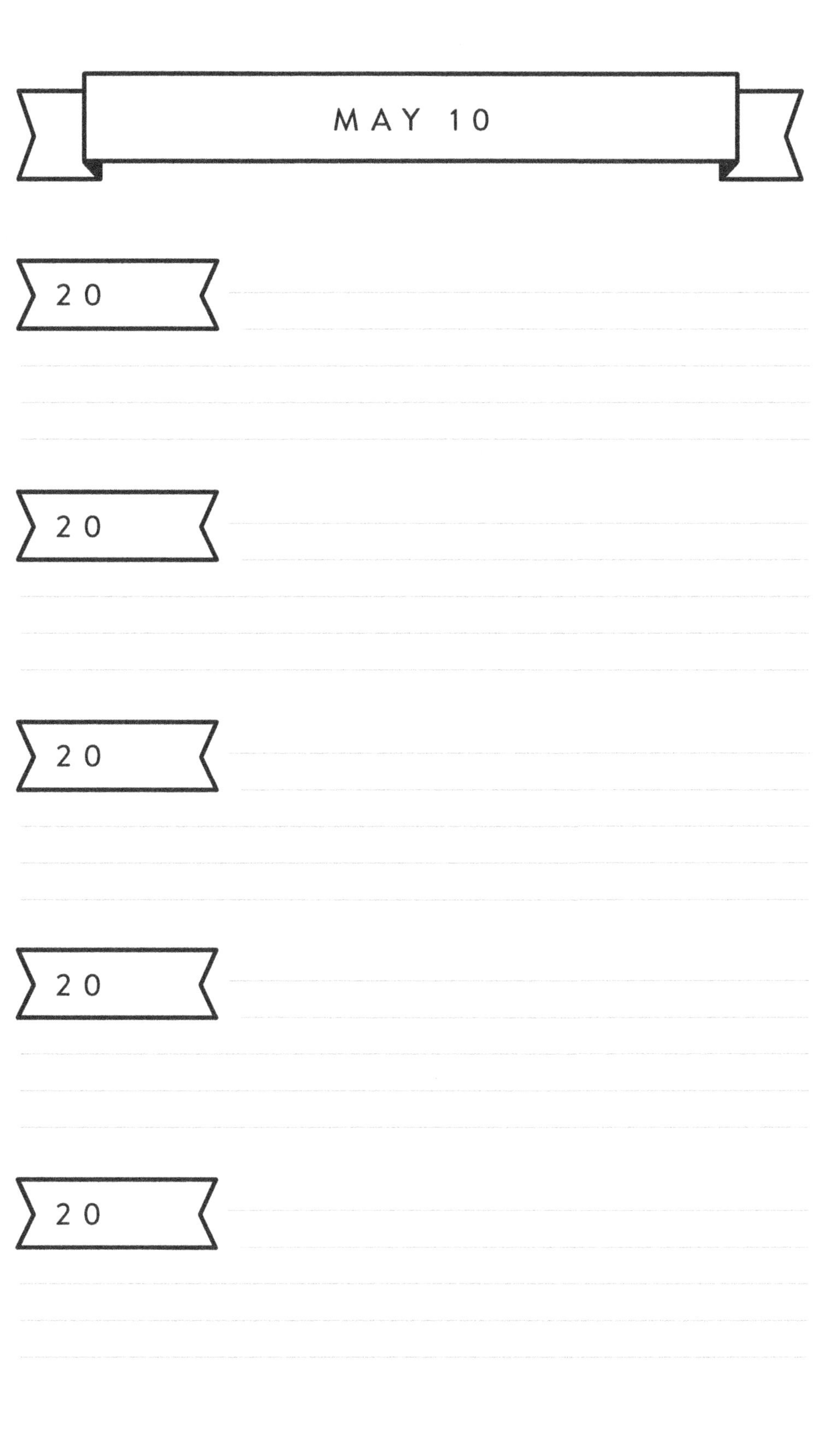
MAY 10
20
20
20
20
20

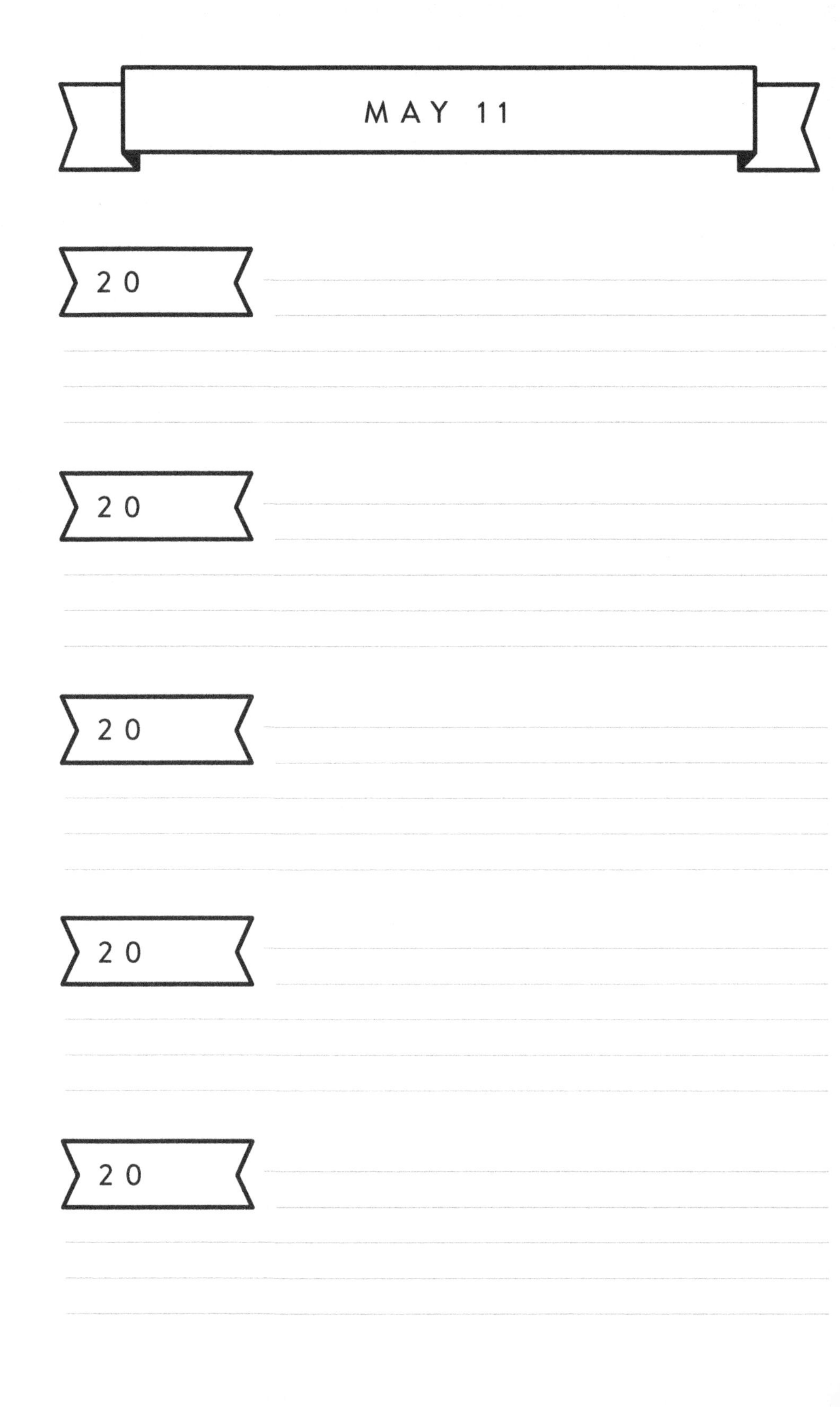
MAY 11
20
20
20
20
20

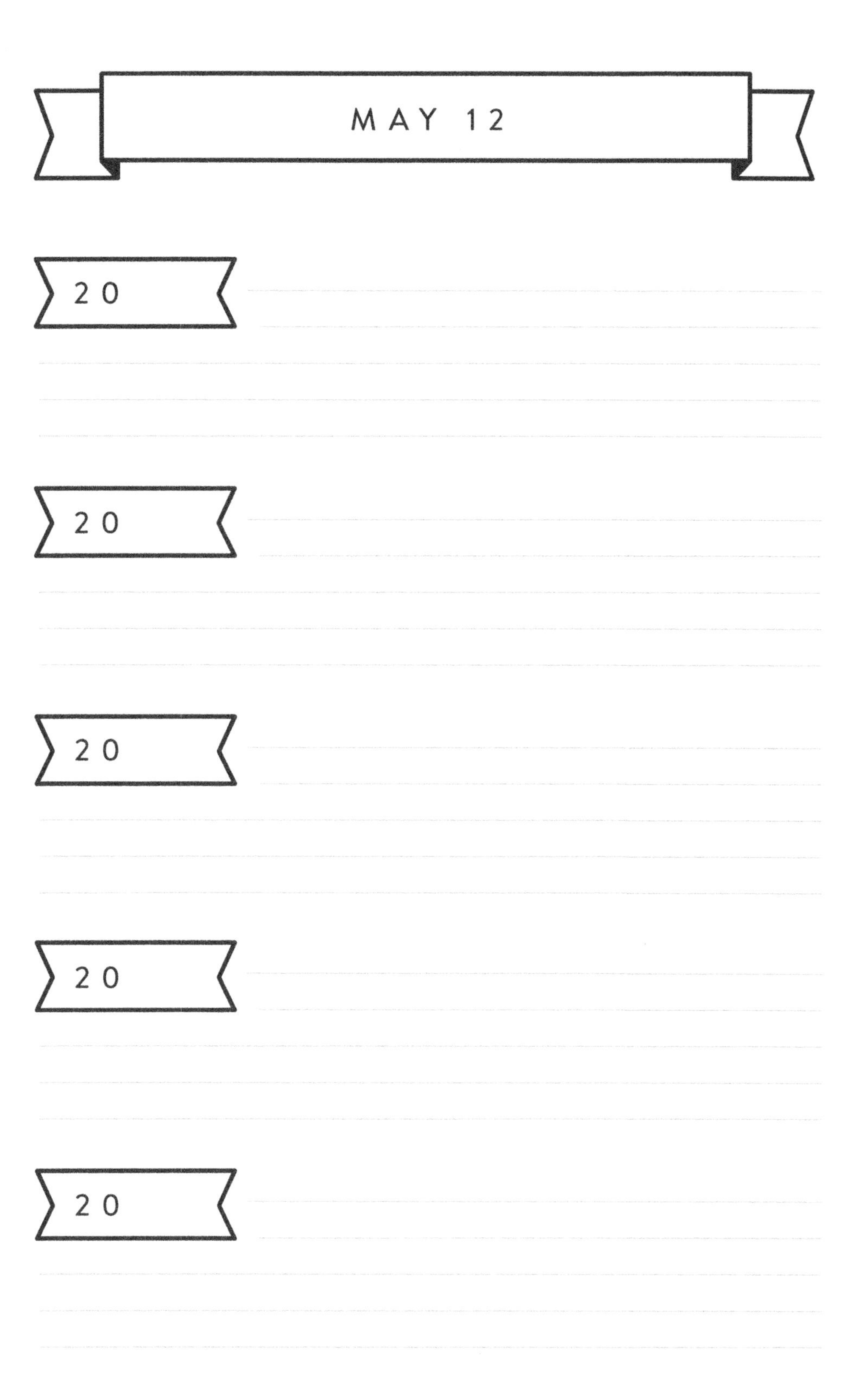
MAY 12
20
20
20
20
20

MAY 13

20

20

20

20

20

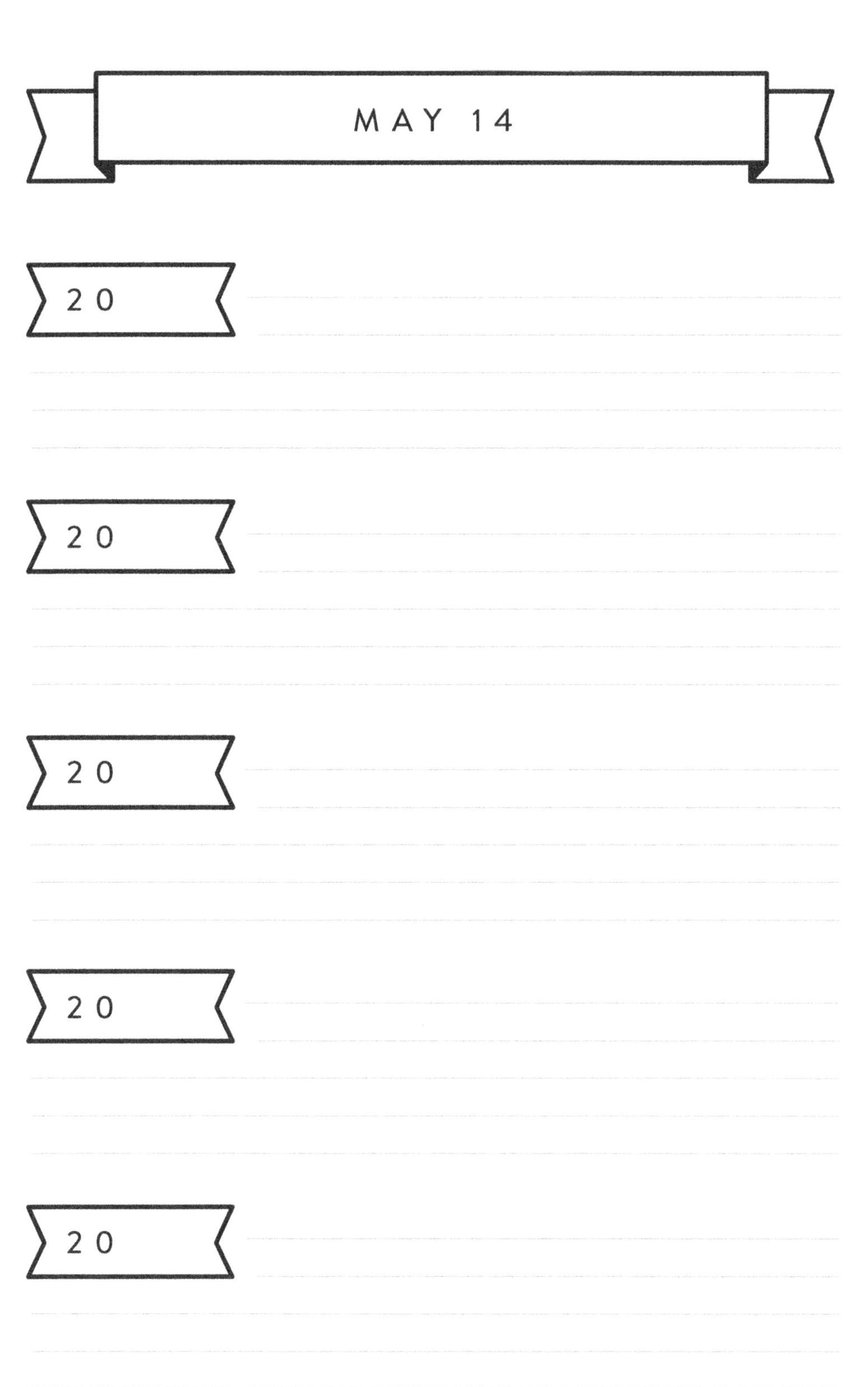
MAY 14
20
20
20
20
20

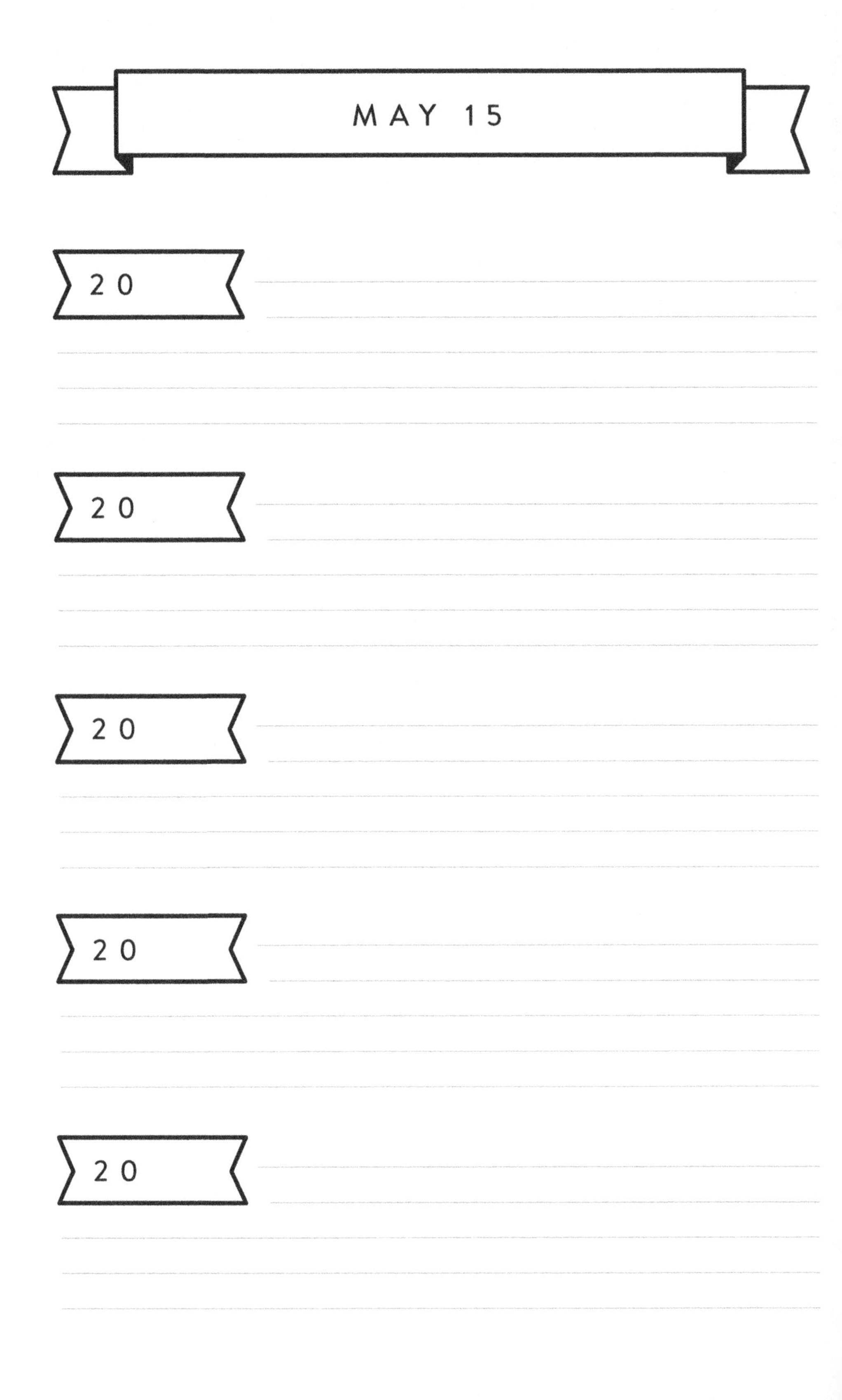
MAY 15
20
20
20
20
20

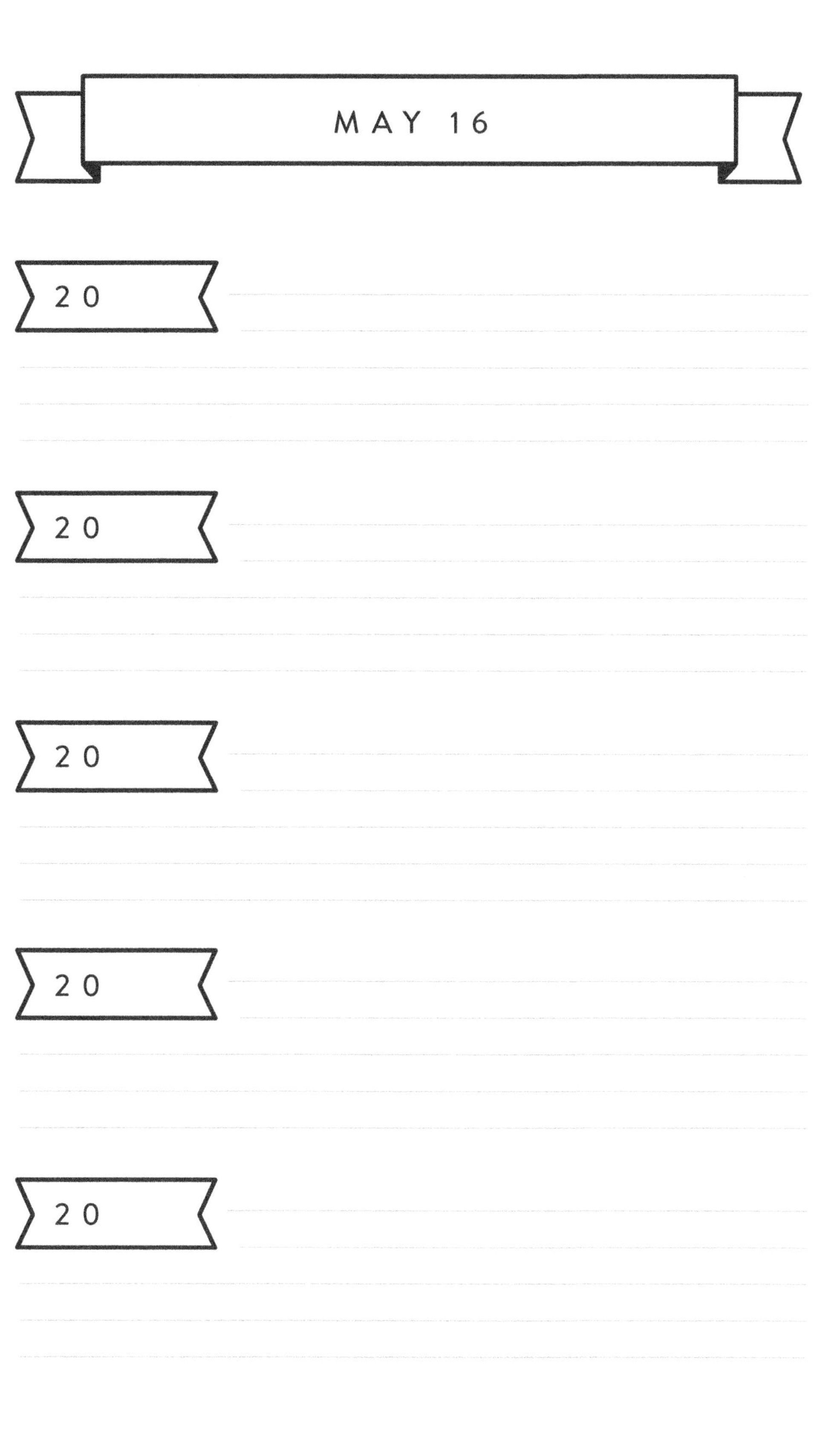
MAY 16
20
20
20
20
20

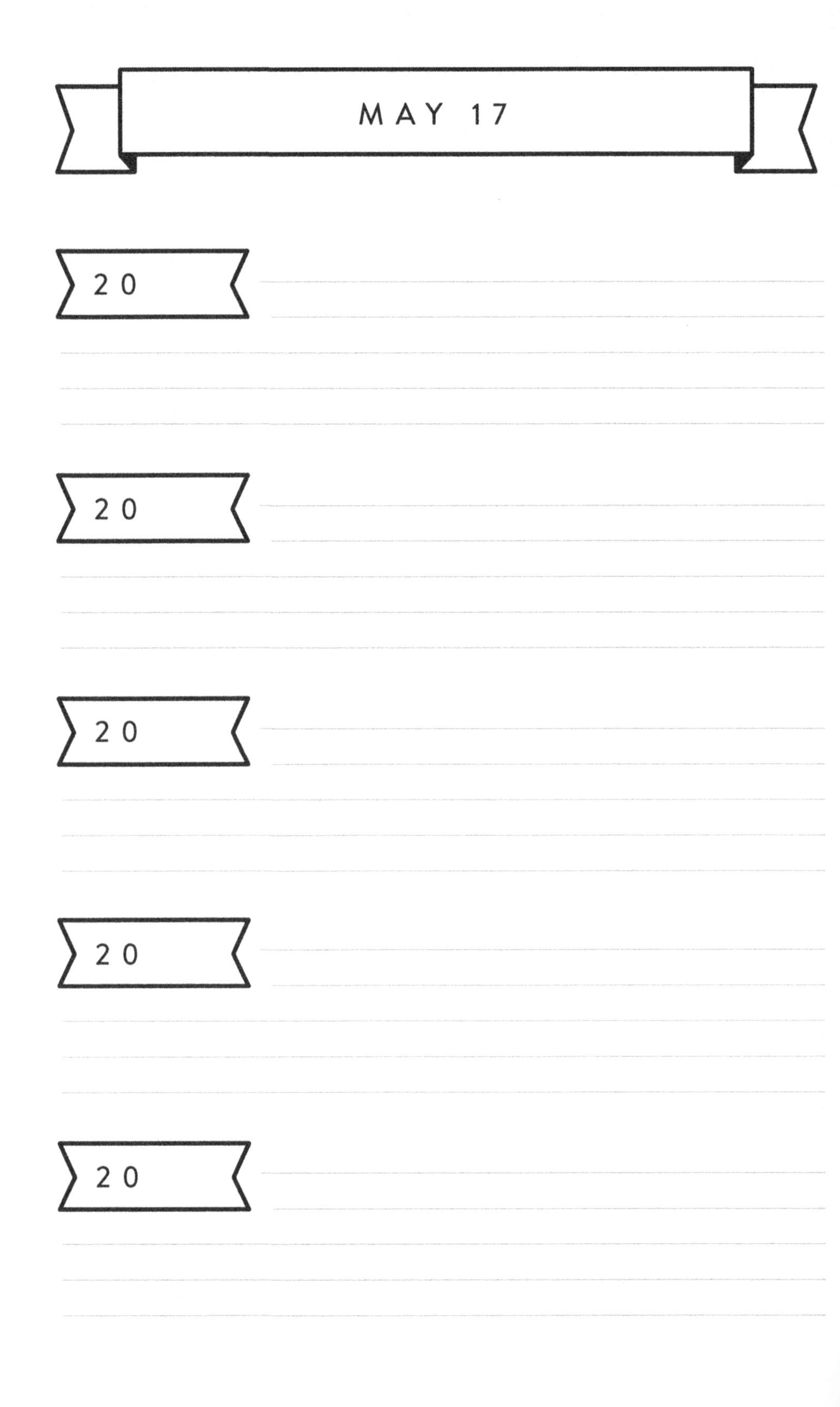
MAY 17
20
20
20
20
20

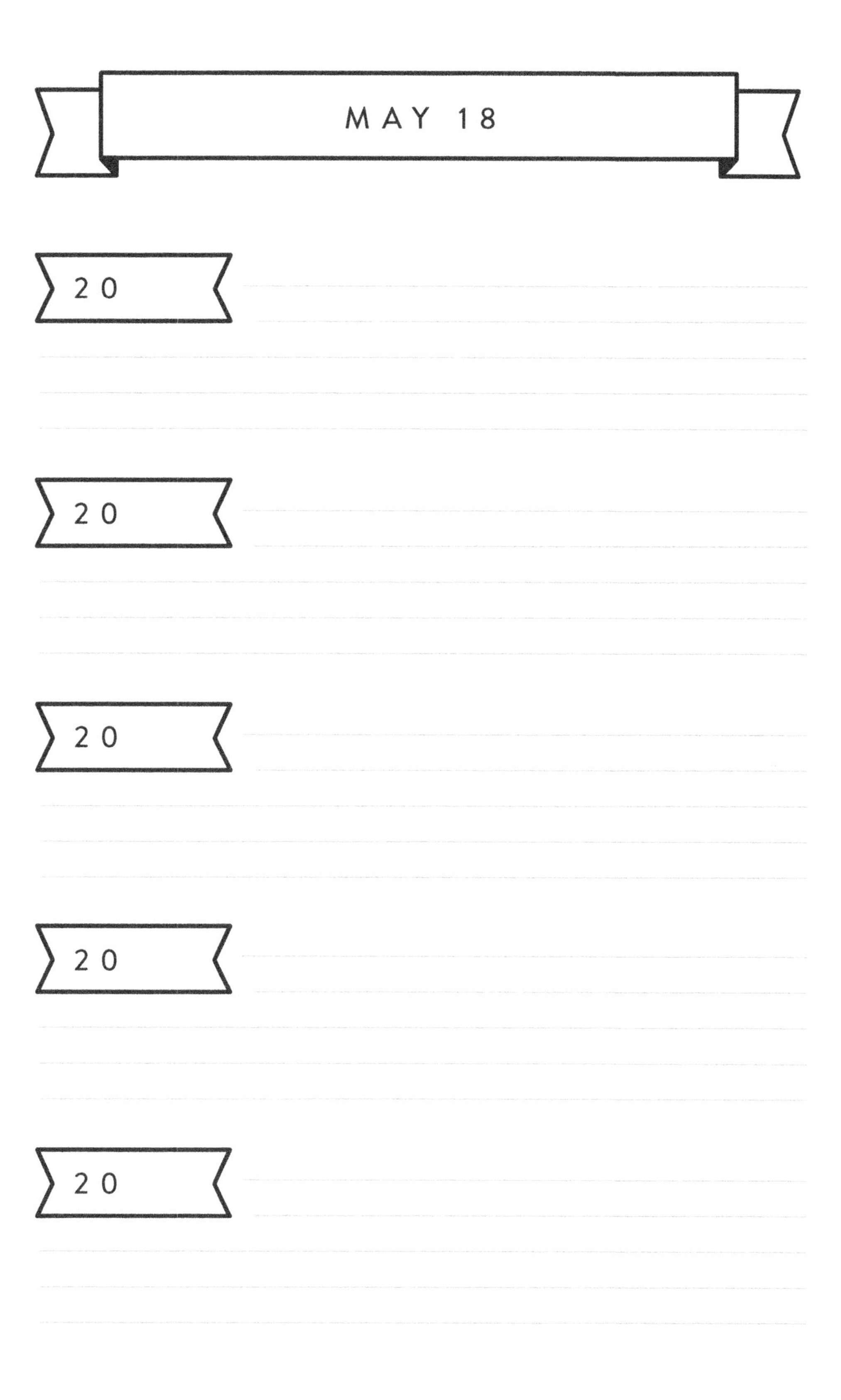
MAY 18
20
20
20
20
20

MAY 19

20

20

20

20

20

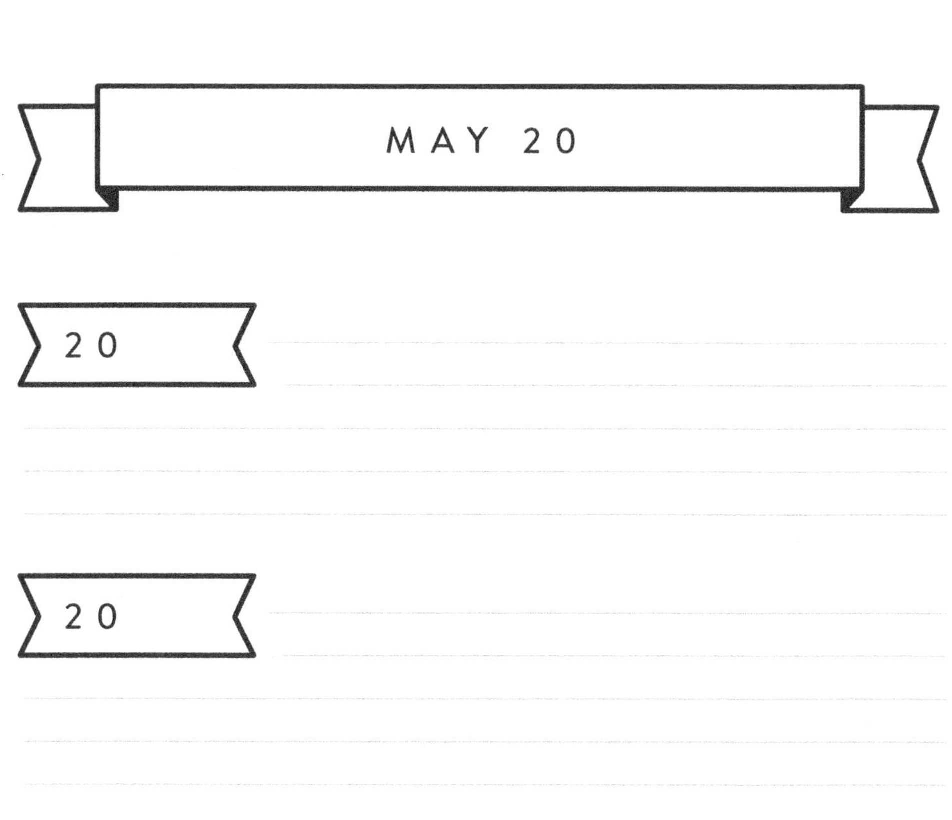

20

20

20

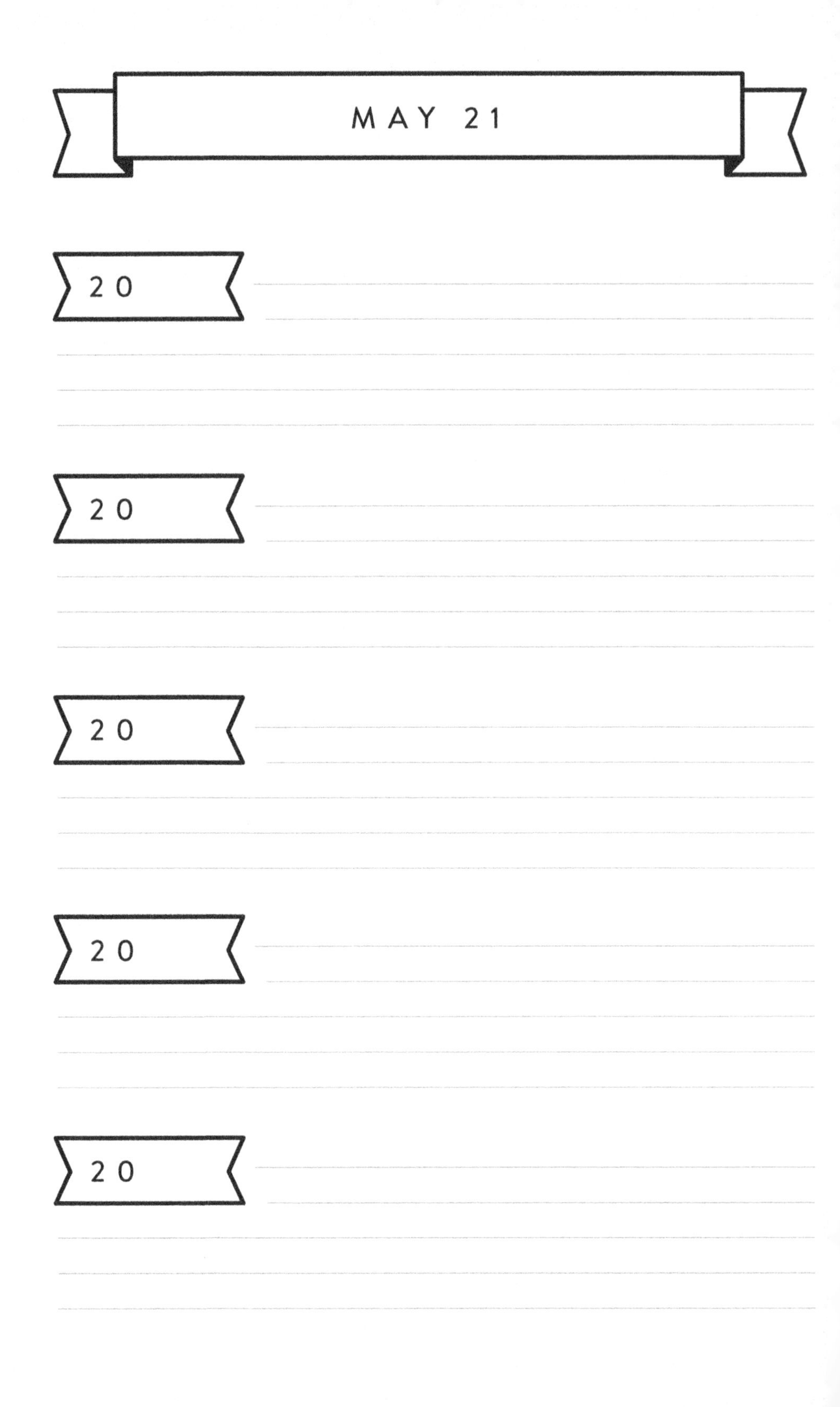
MAY 21
20
20
20
20
20

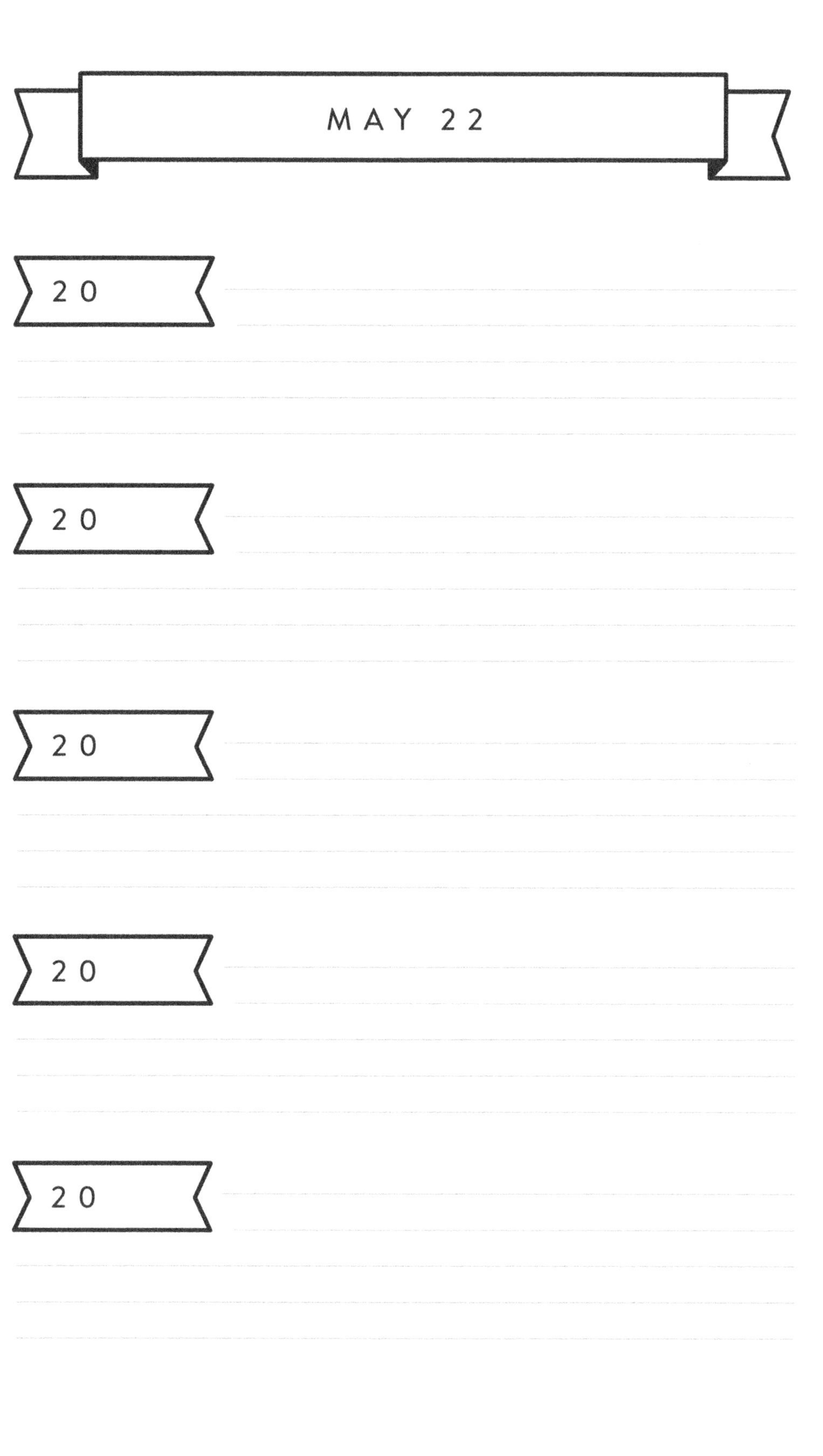
MAY 22
20
20
20
20
20

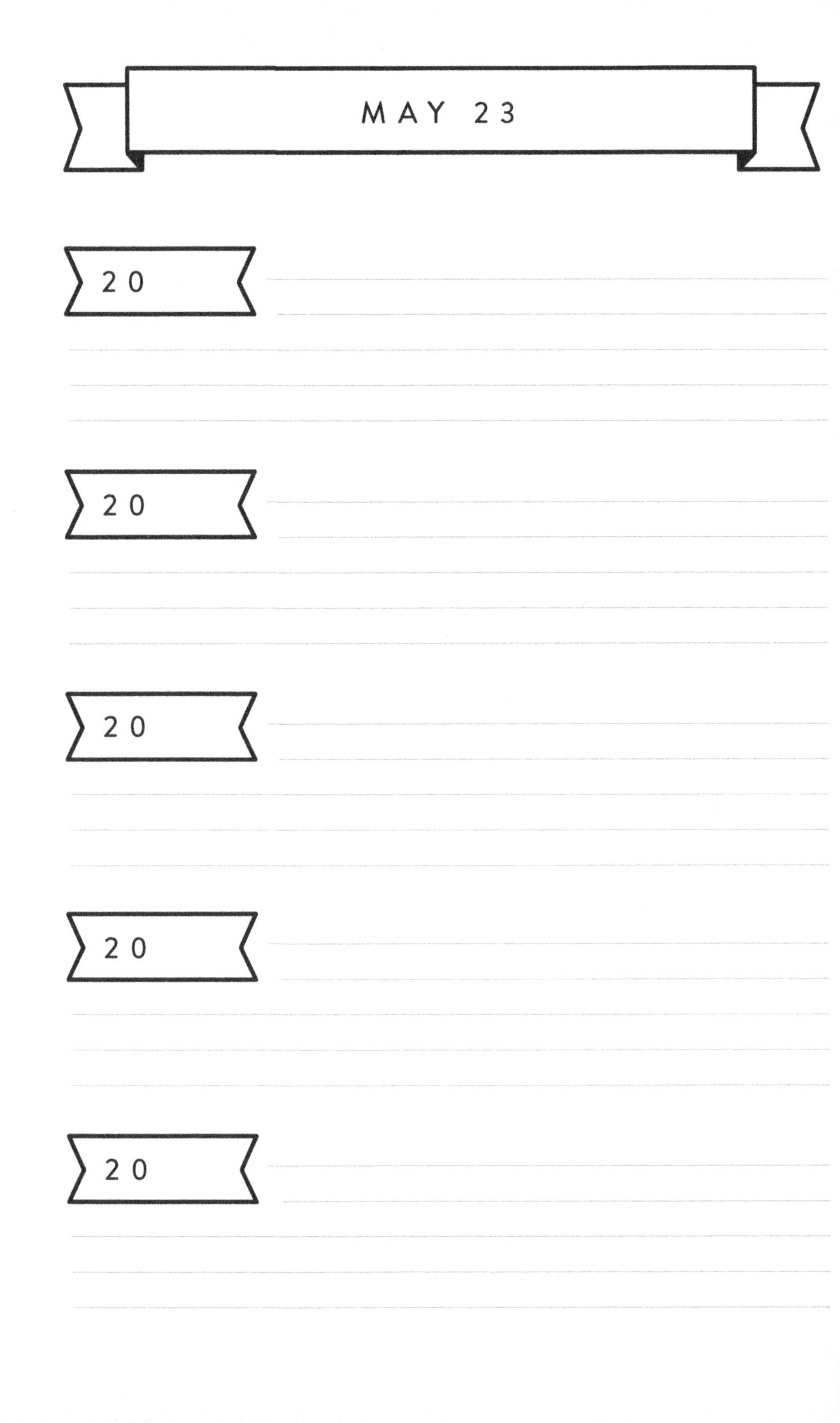
MAY 23
20
20
20
20
20

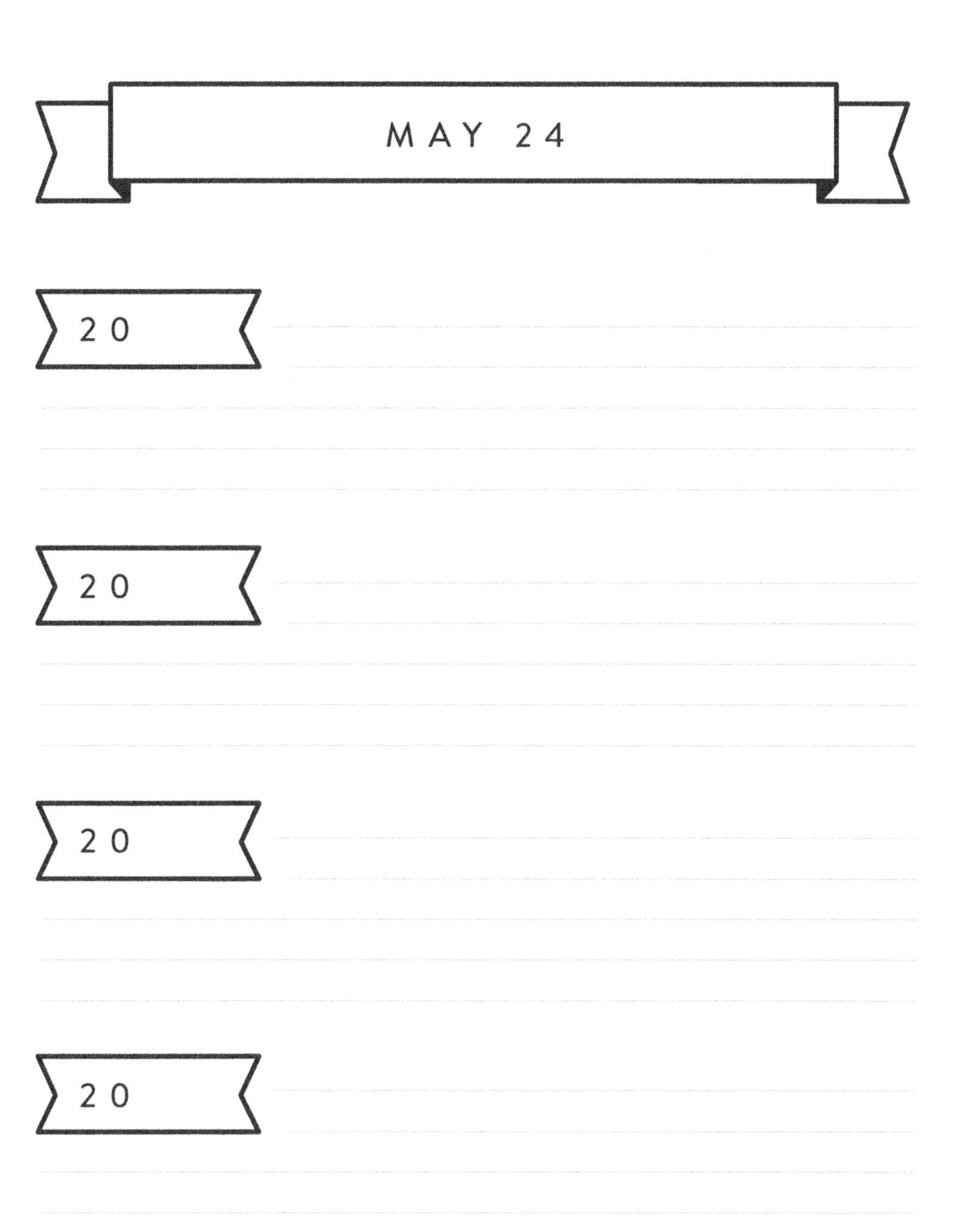
MAY 24
20
20
20
20
20

MAY 25

20

20

20

20

20

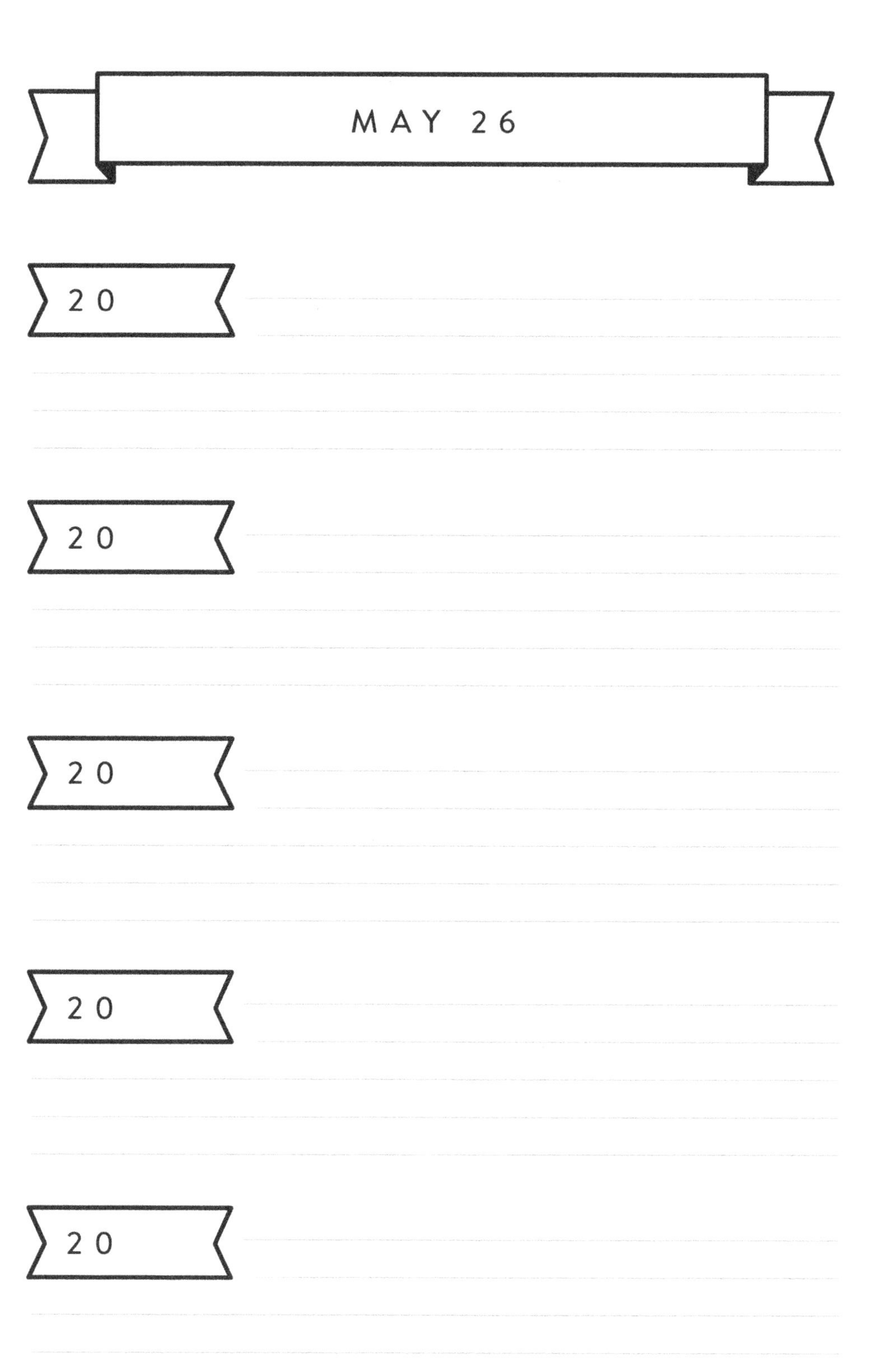
MAY 26
20
20
20
20
20

MAY 27
20
20
20
20
20

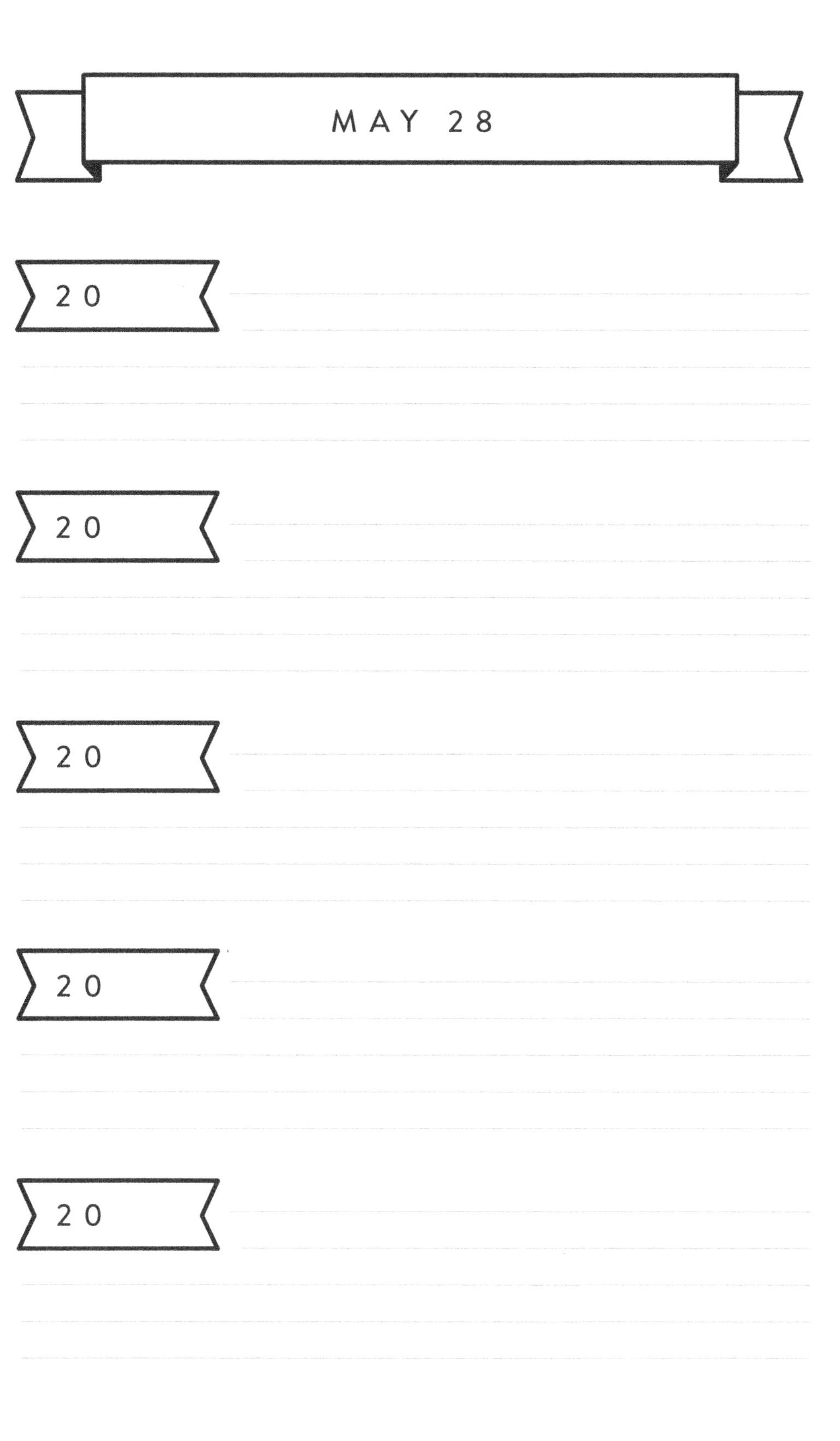
MAY 28
20
20
20
20
20

MAY 29

20

20

20

20

20

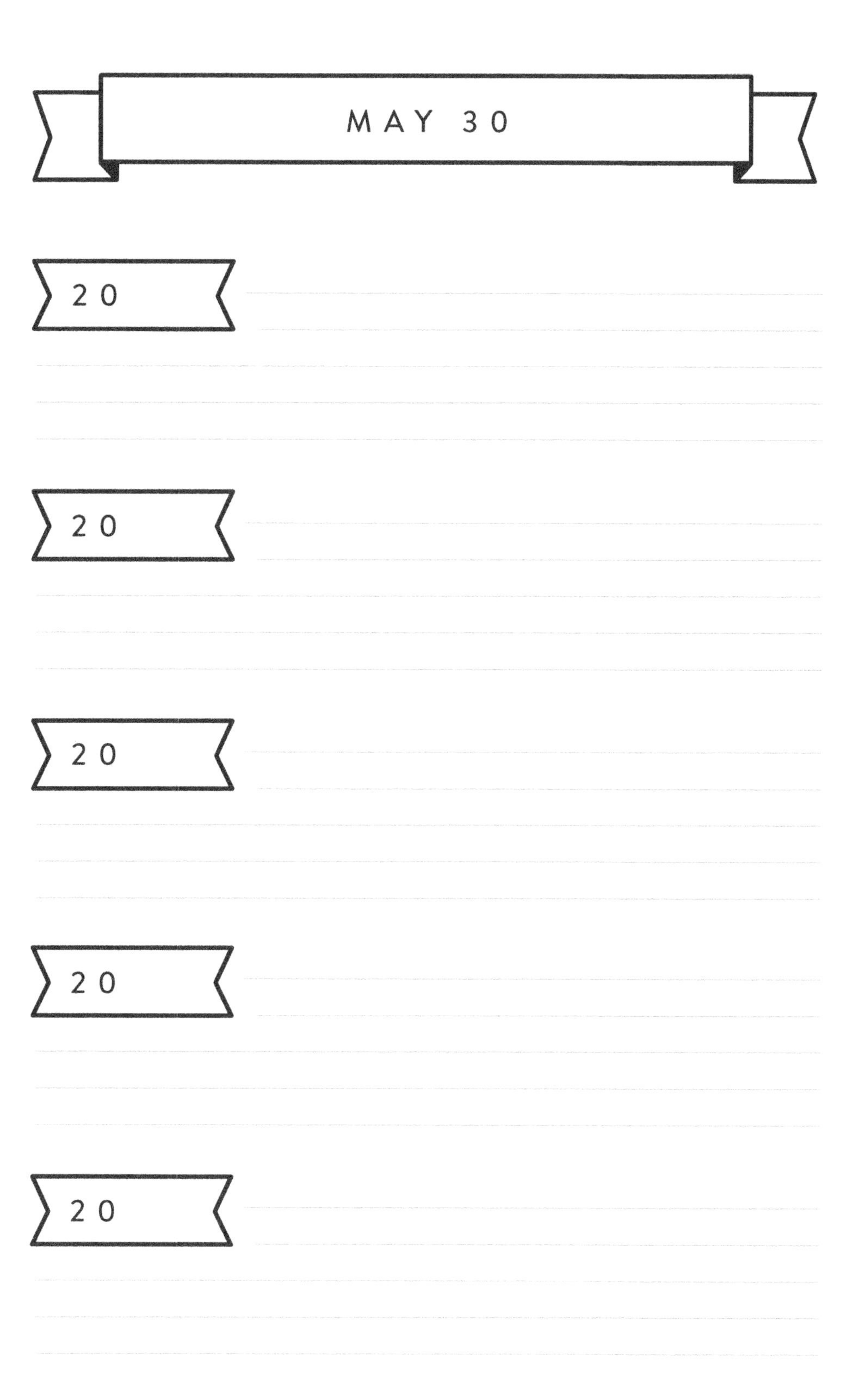
MAY 30
20
20
20
20
20

MAY 31

20

20

20

20

20

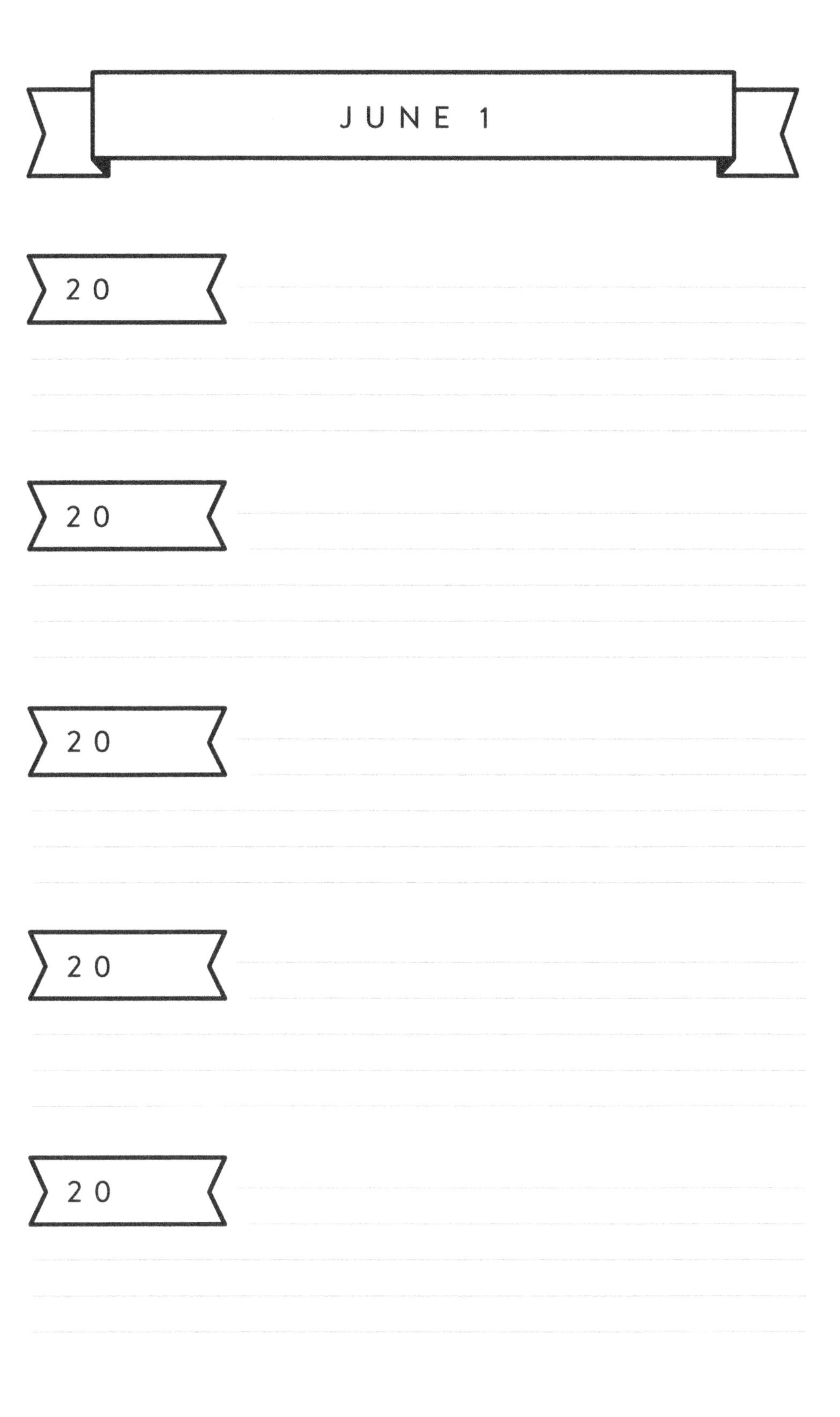
JUNE 1
20
20
20
20
20

JUNE 2
20
20
20
20
20

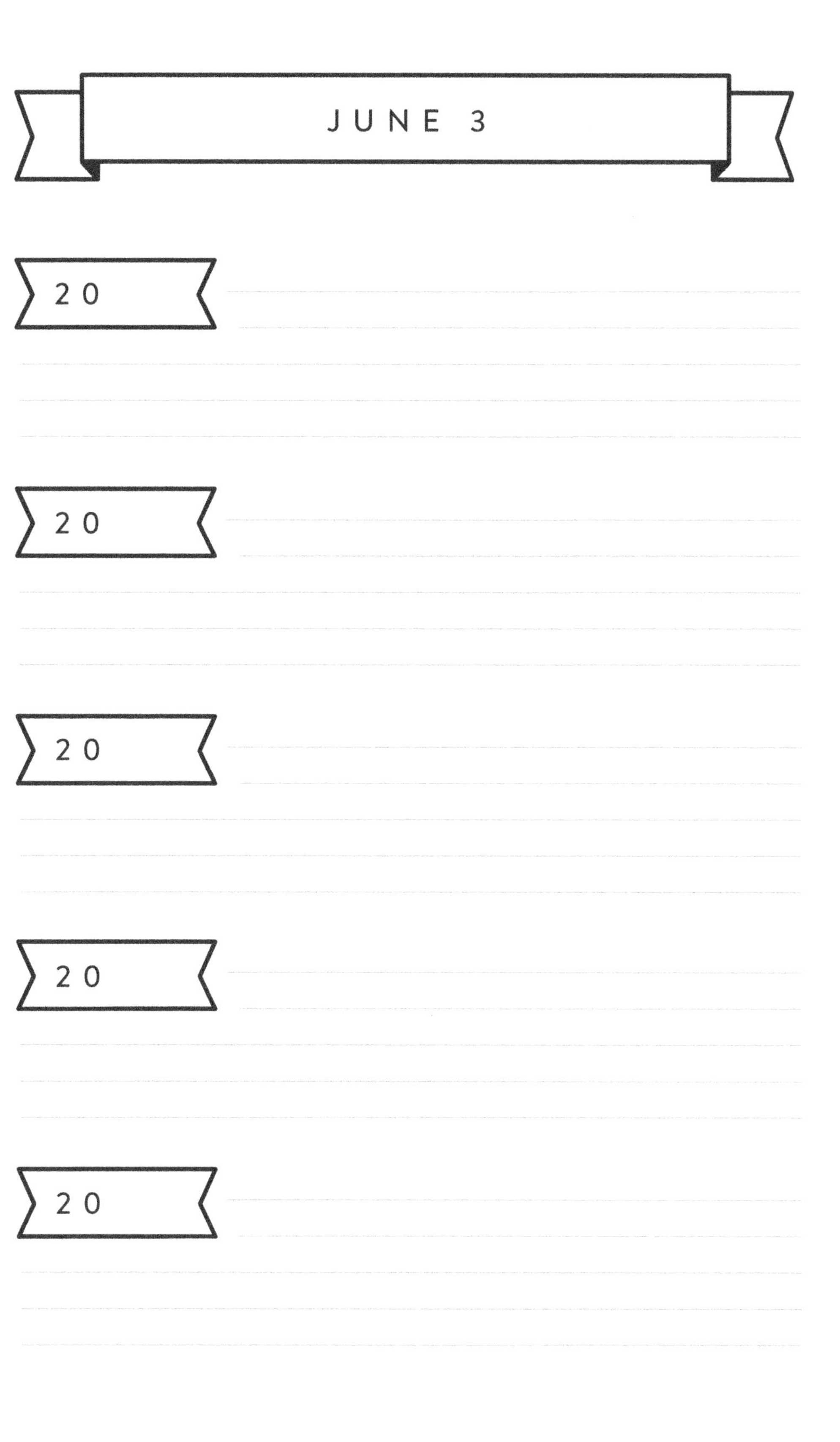
JUNE 3
20
20
20
20
20

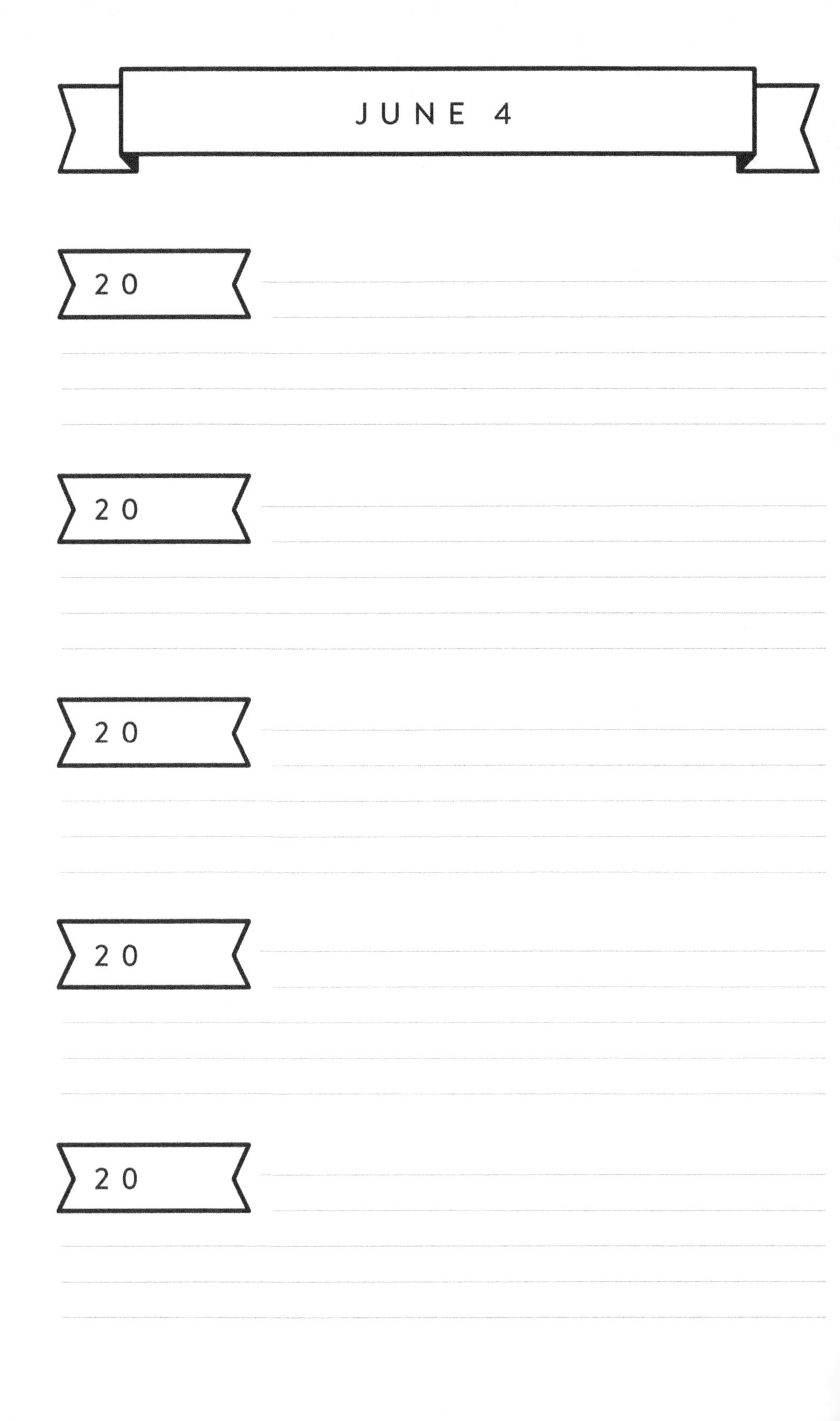
JUNE 4
20
20
20
20
20

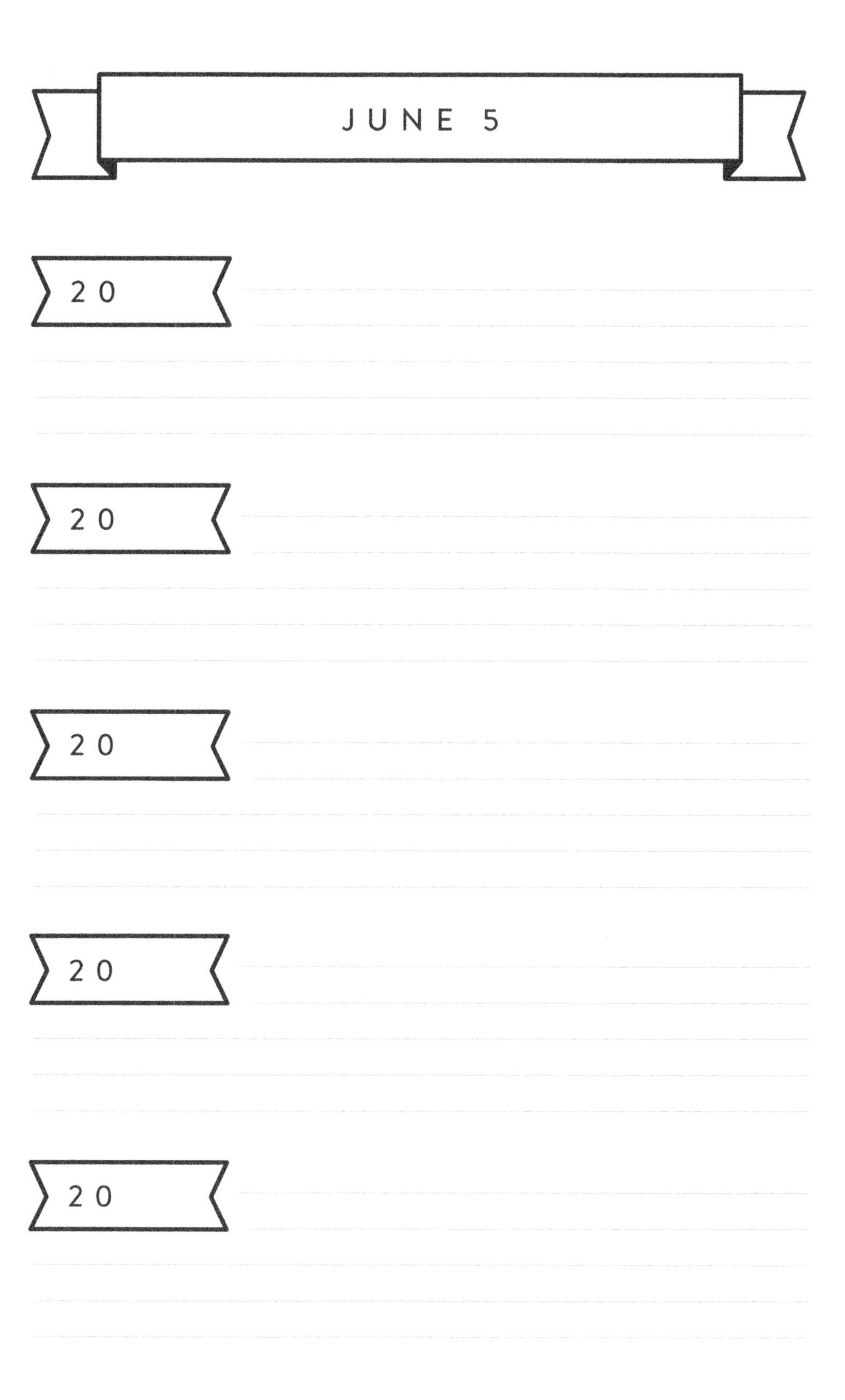
JUNE 5
20
20
20
20
20

JUNE 6
20
20
20
20
20

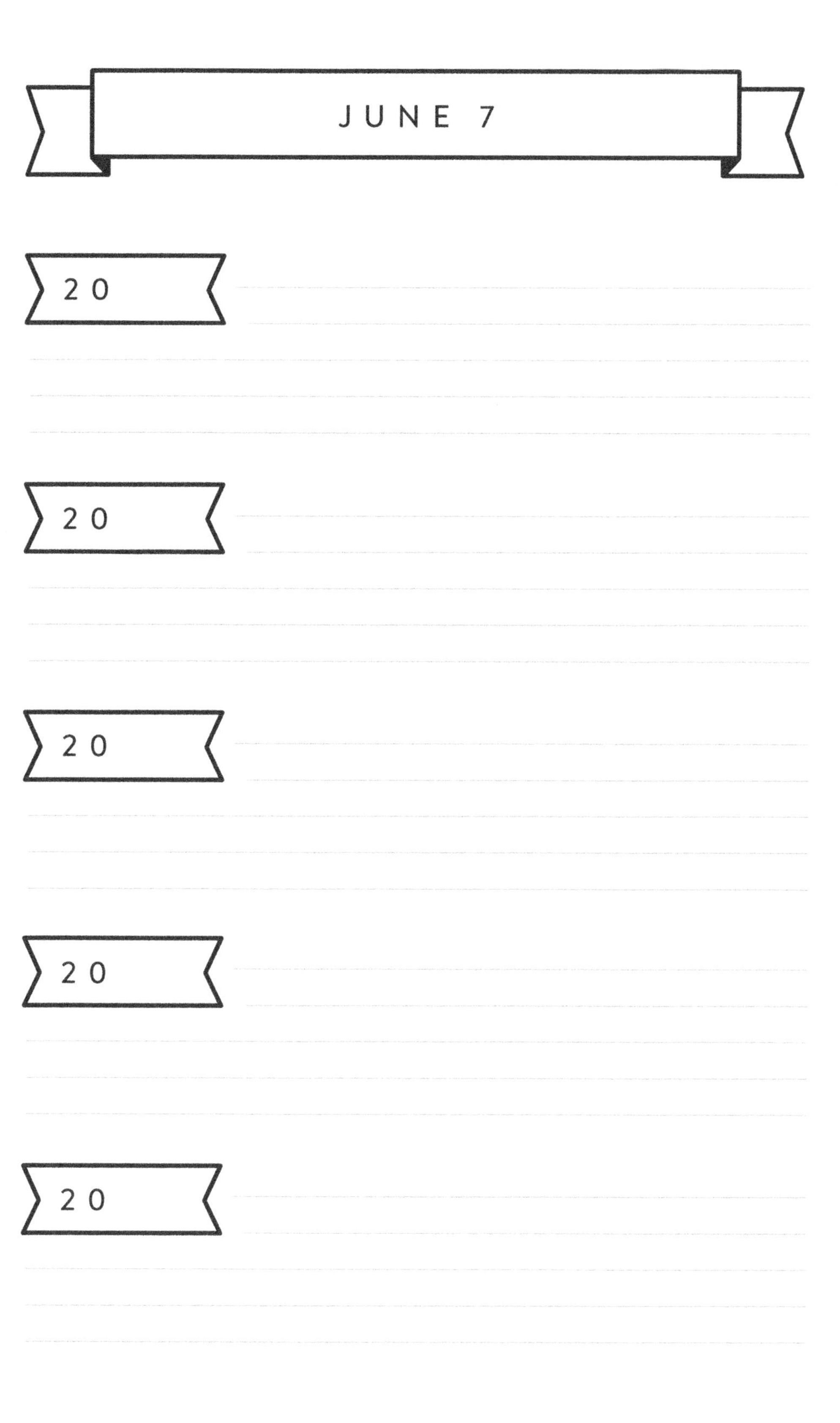
JUNE 7
20
20
20
20
20

JUNE 8
20
20
20
20
20

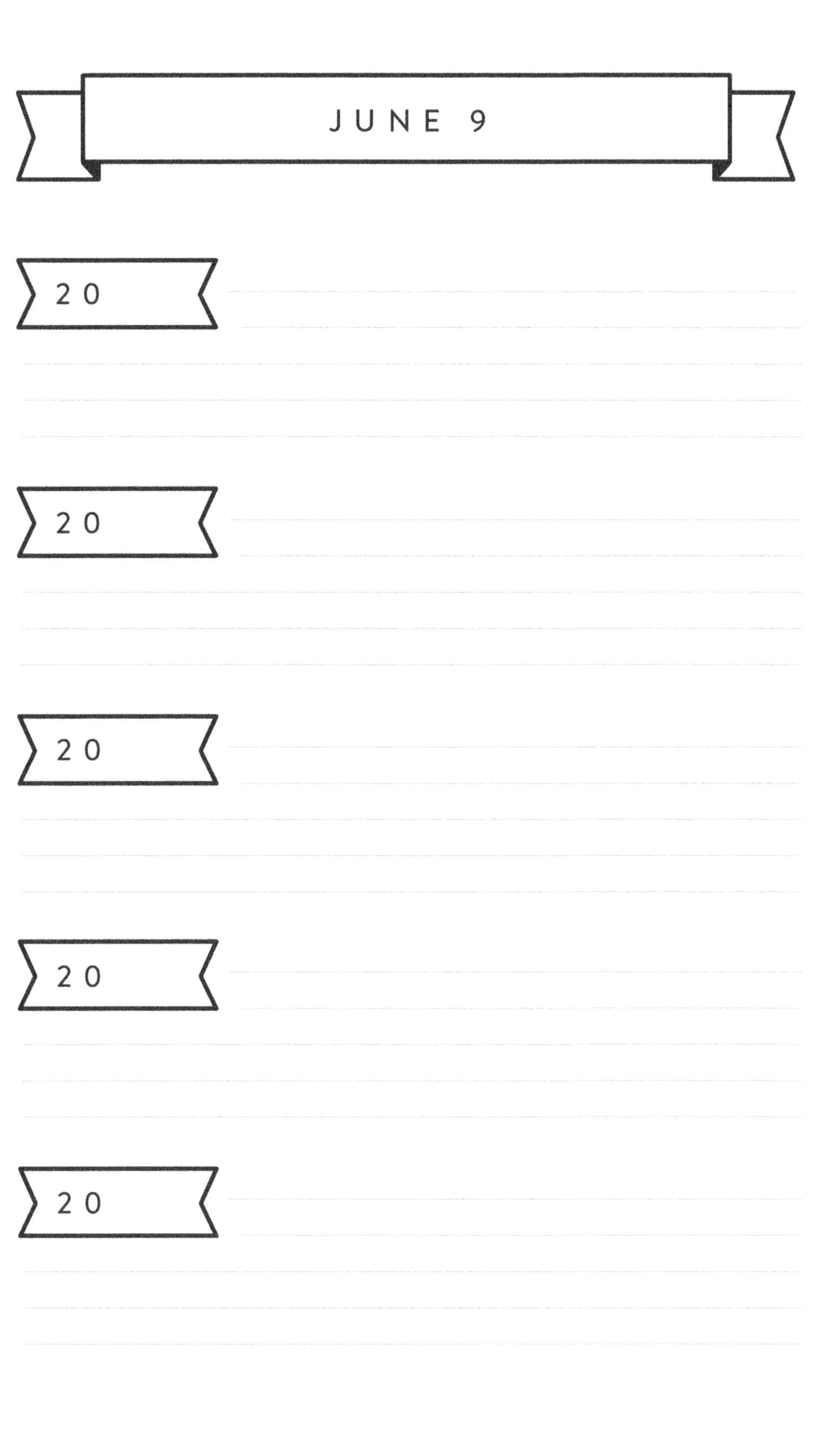
JUNE 9
20
20
20
20
20

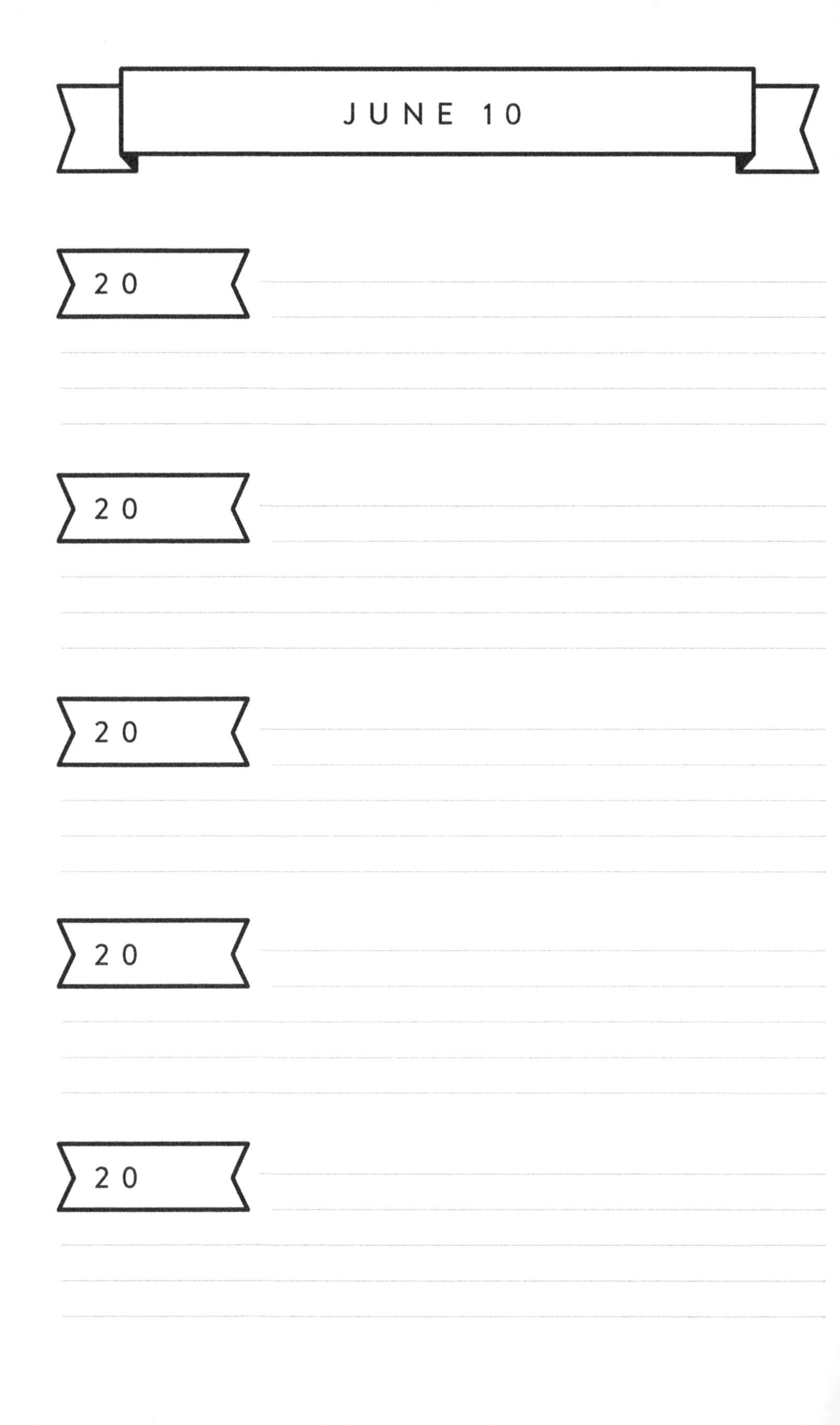
JUNE 10
20
20
20
20
20

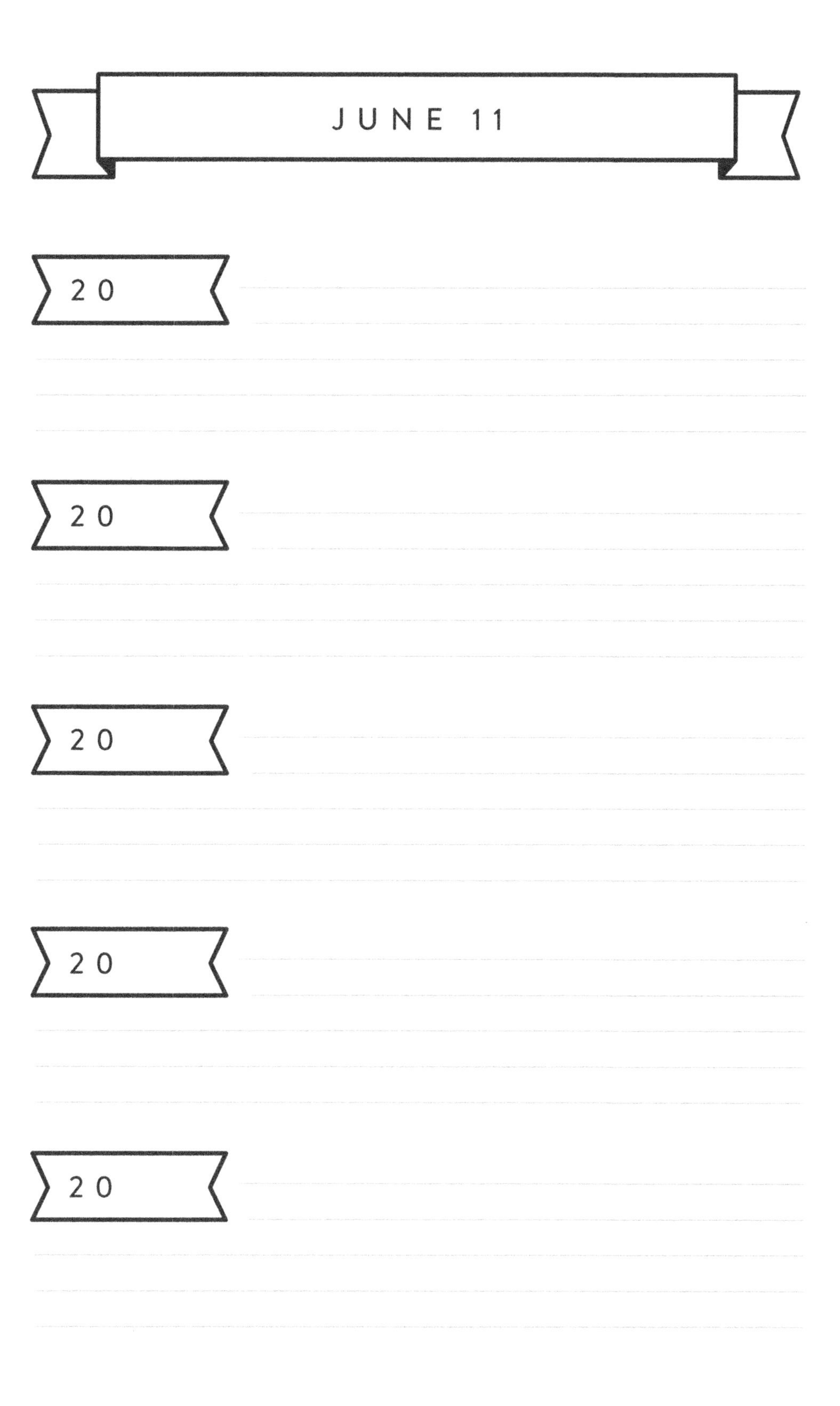
JUNE 11
20
20
20
20
20

JUNE 12

20

20

20

20

20

JUNE 13

20

20

20

20

20

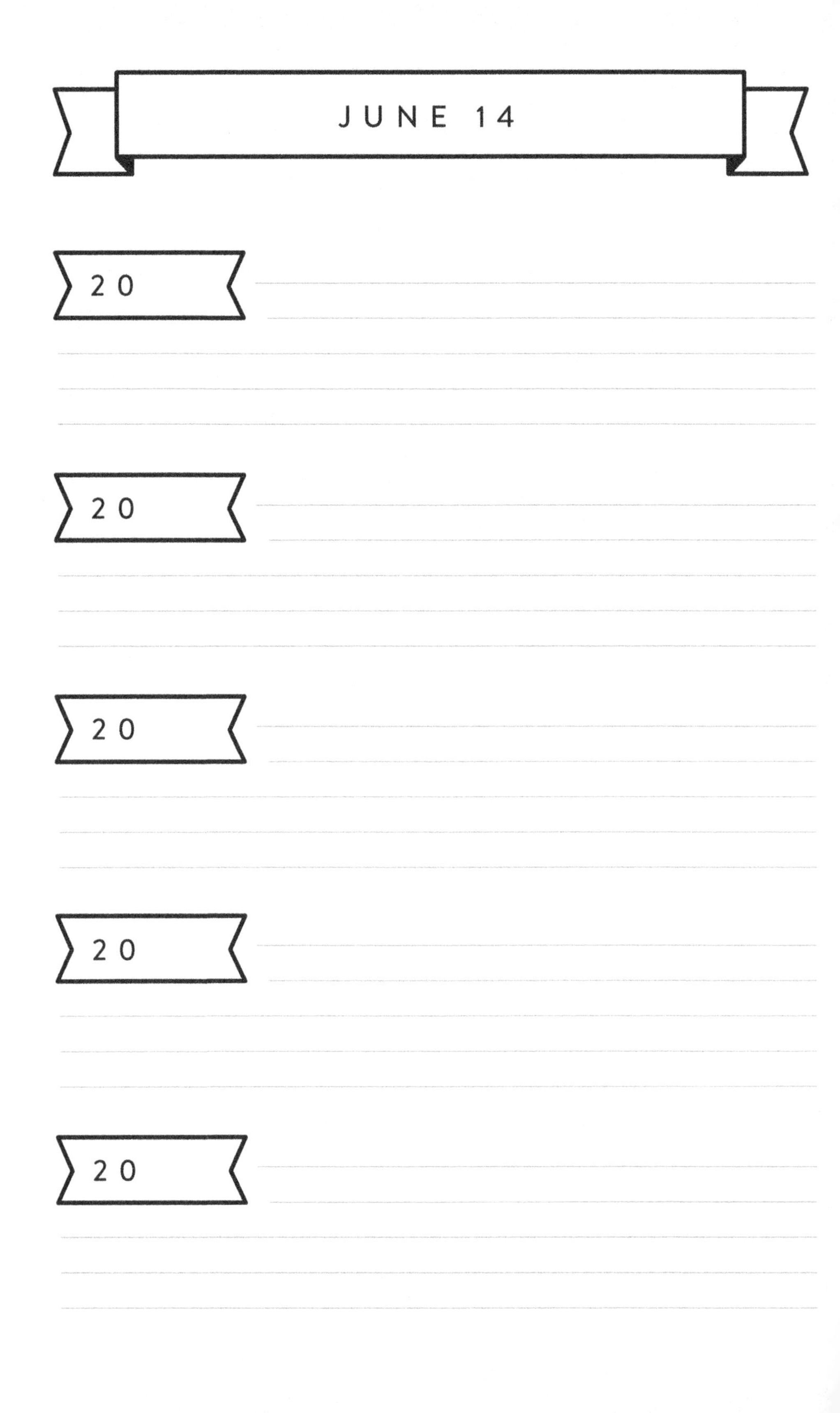
JUNE 14
20
20
20
20
20

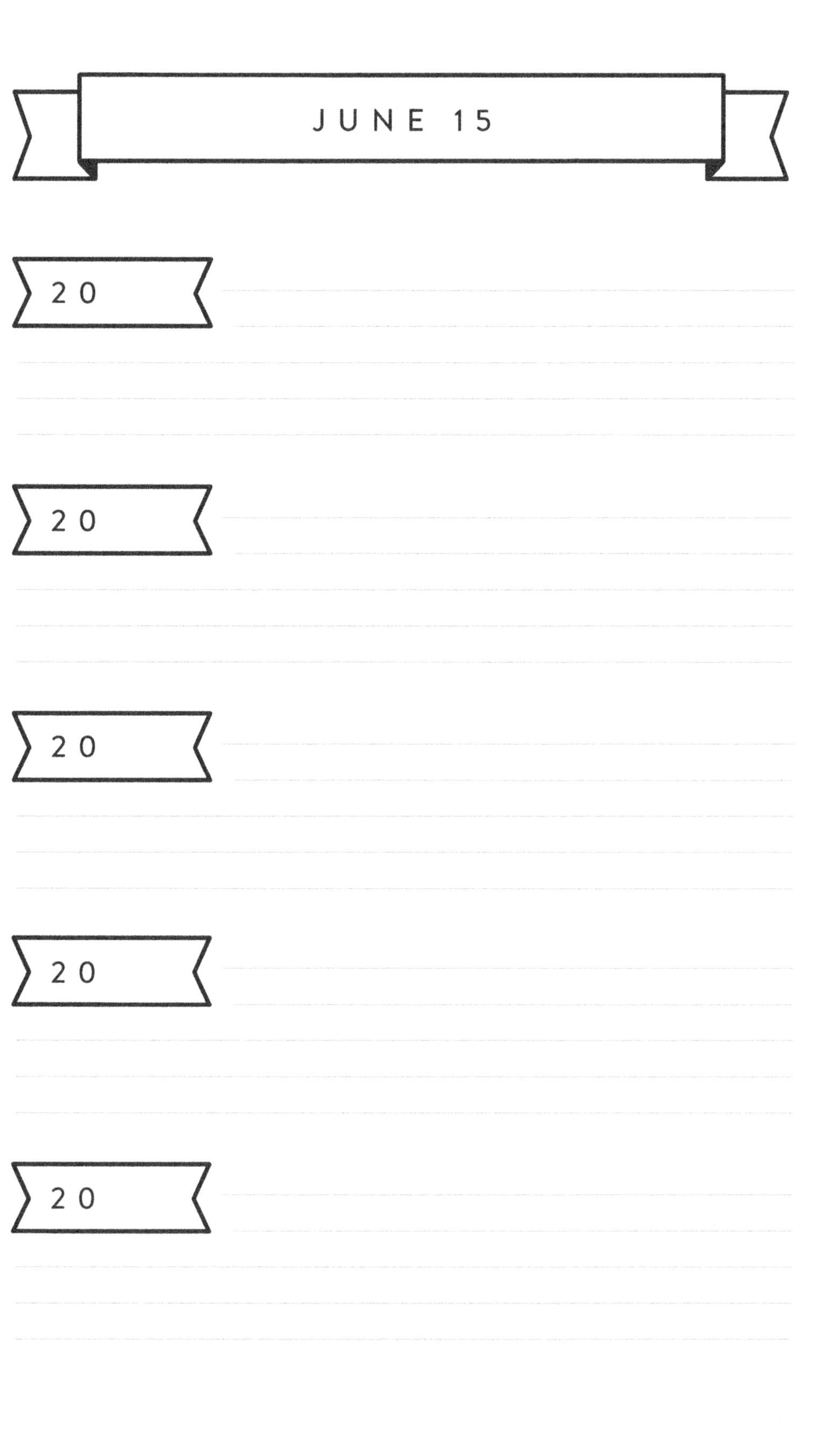
JUNE 15
20
20
20
20
20

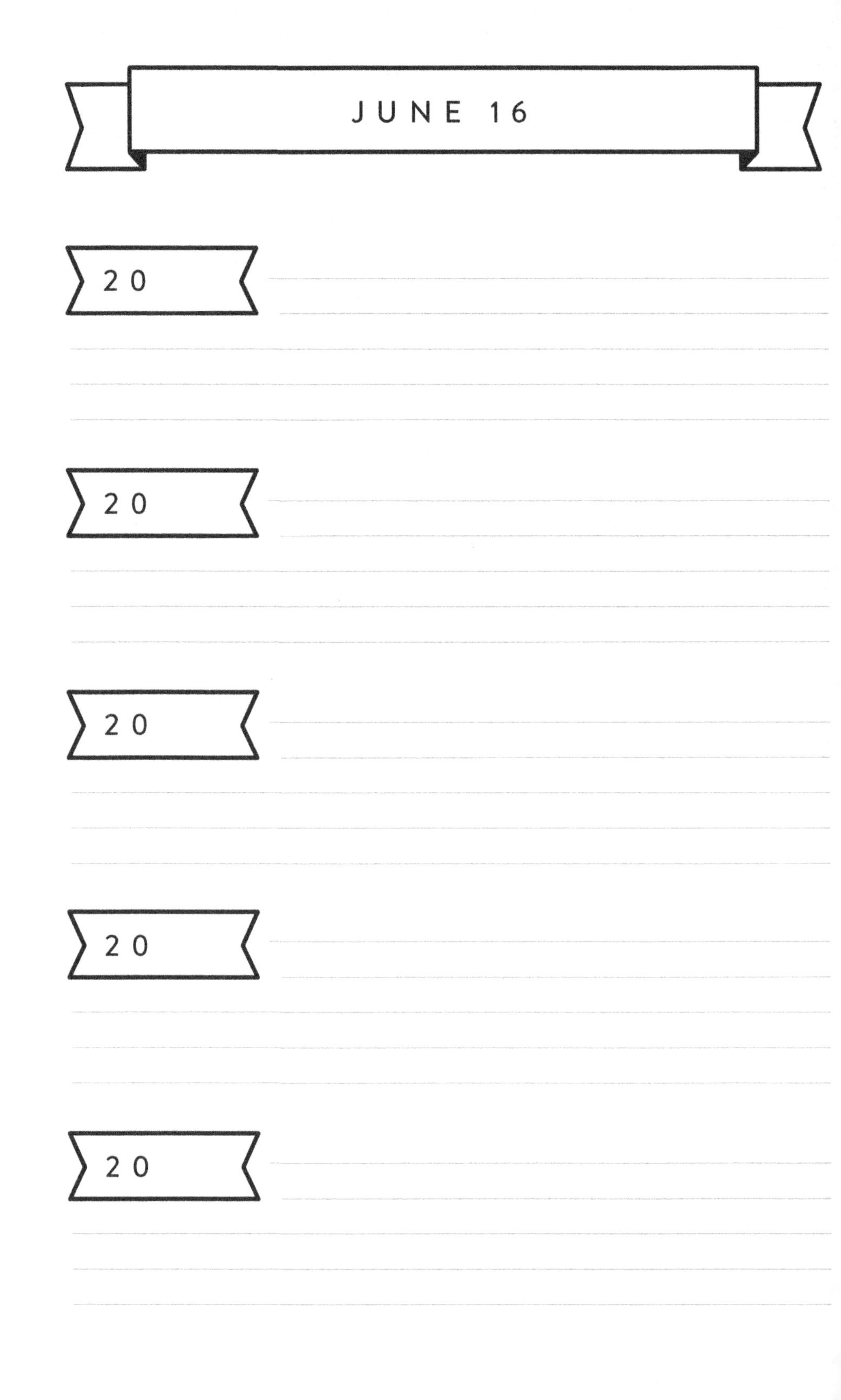
JUNE 16
20
20
20
20
20

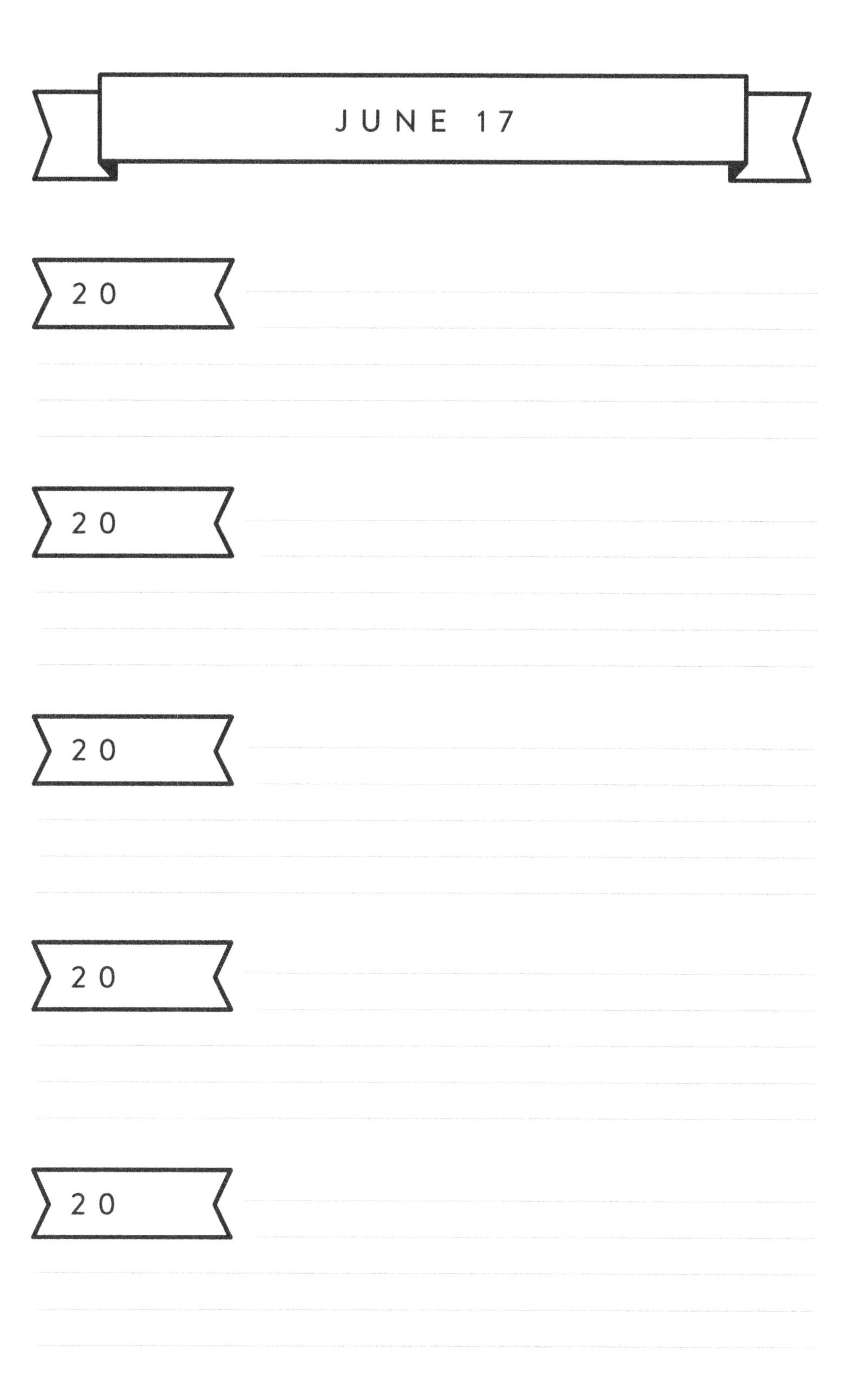
JUNE 17
20
20
20
20
20

JUNE 18
20
20
20
20
20

JUNE 19

20

20

20

20

20

JUNE 20
20
20
20
20
20

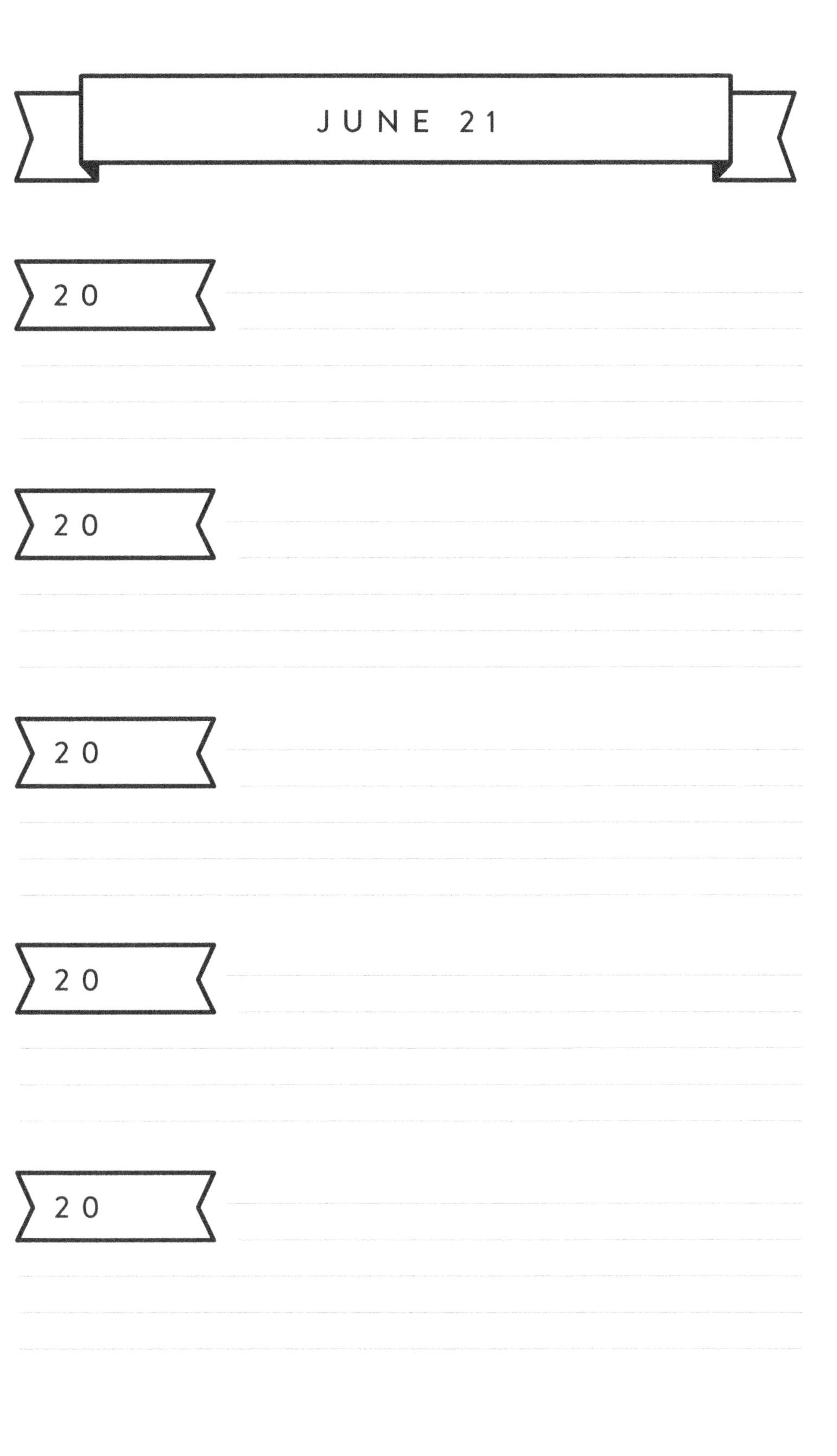
JUNE 21
20
20
20
20
20

JUNE 22

20

20

20

20

20

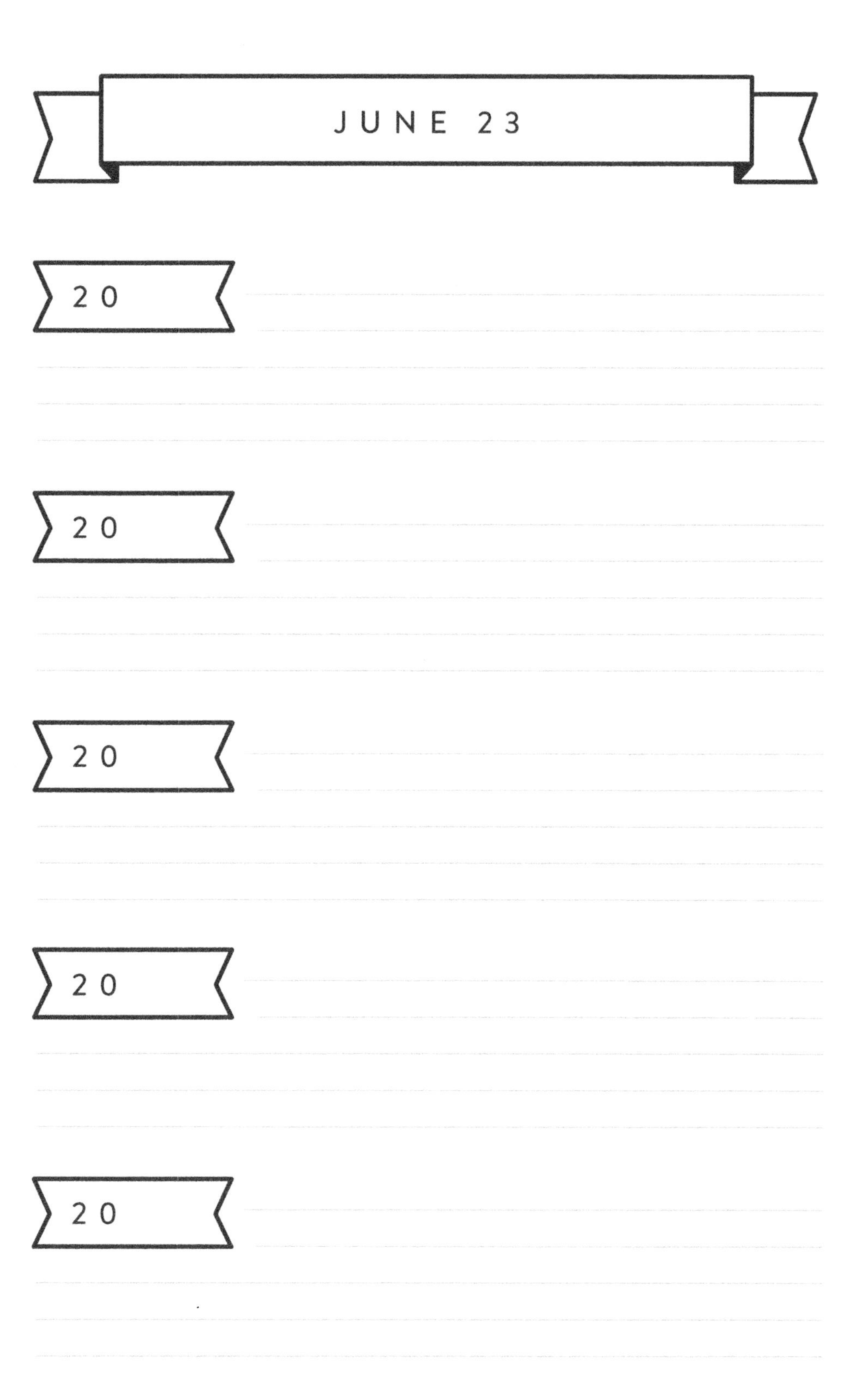
JUNE 23
20
20
20
20
20

JUNE 24

20

20

20

20

20

JUNE 25

20

20

20

20

20

JUNE 26
20
20
20
20
20

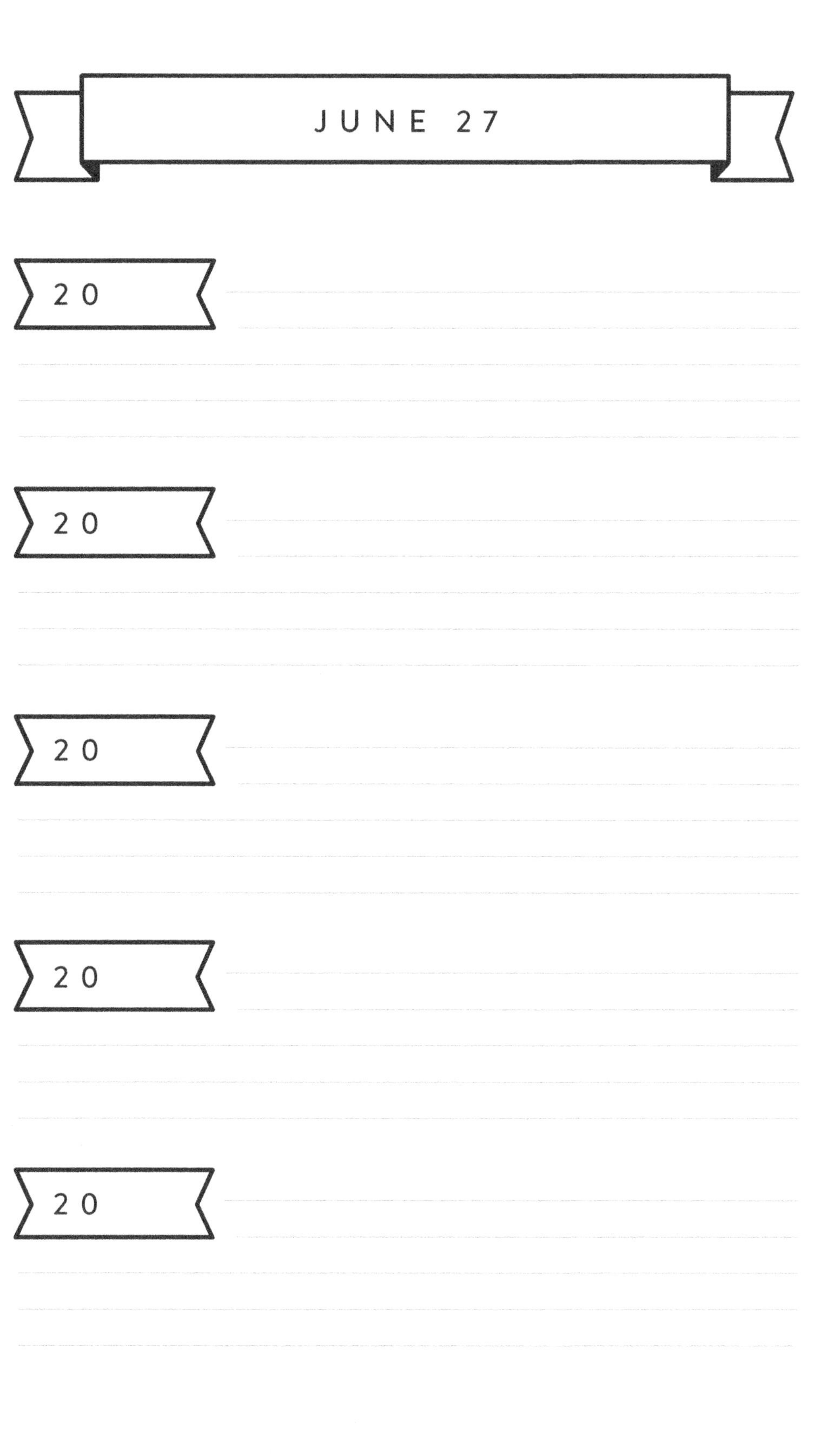

JUNE 27
20
20
20
20
20

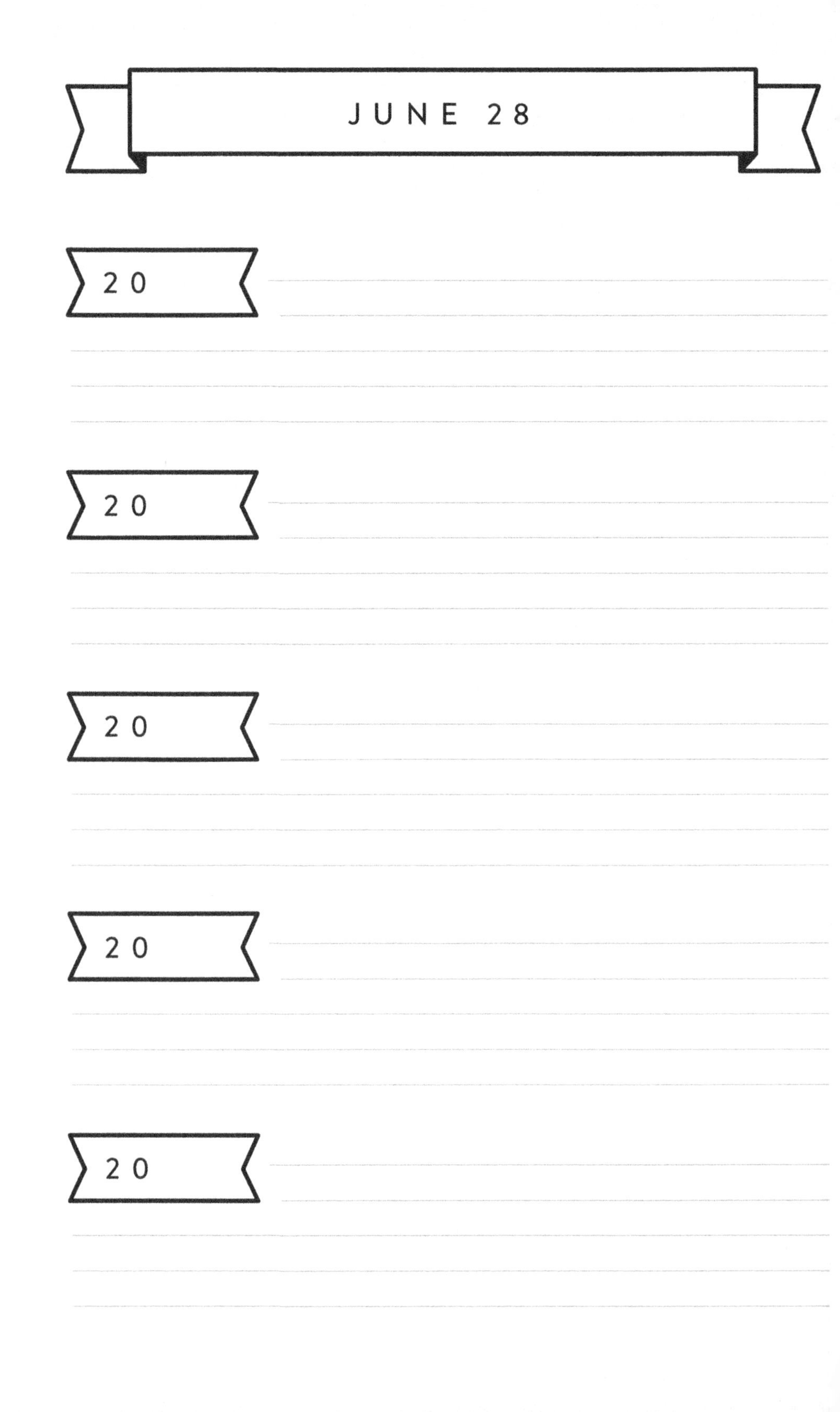
JUNE 28
20
20
20
20
20

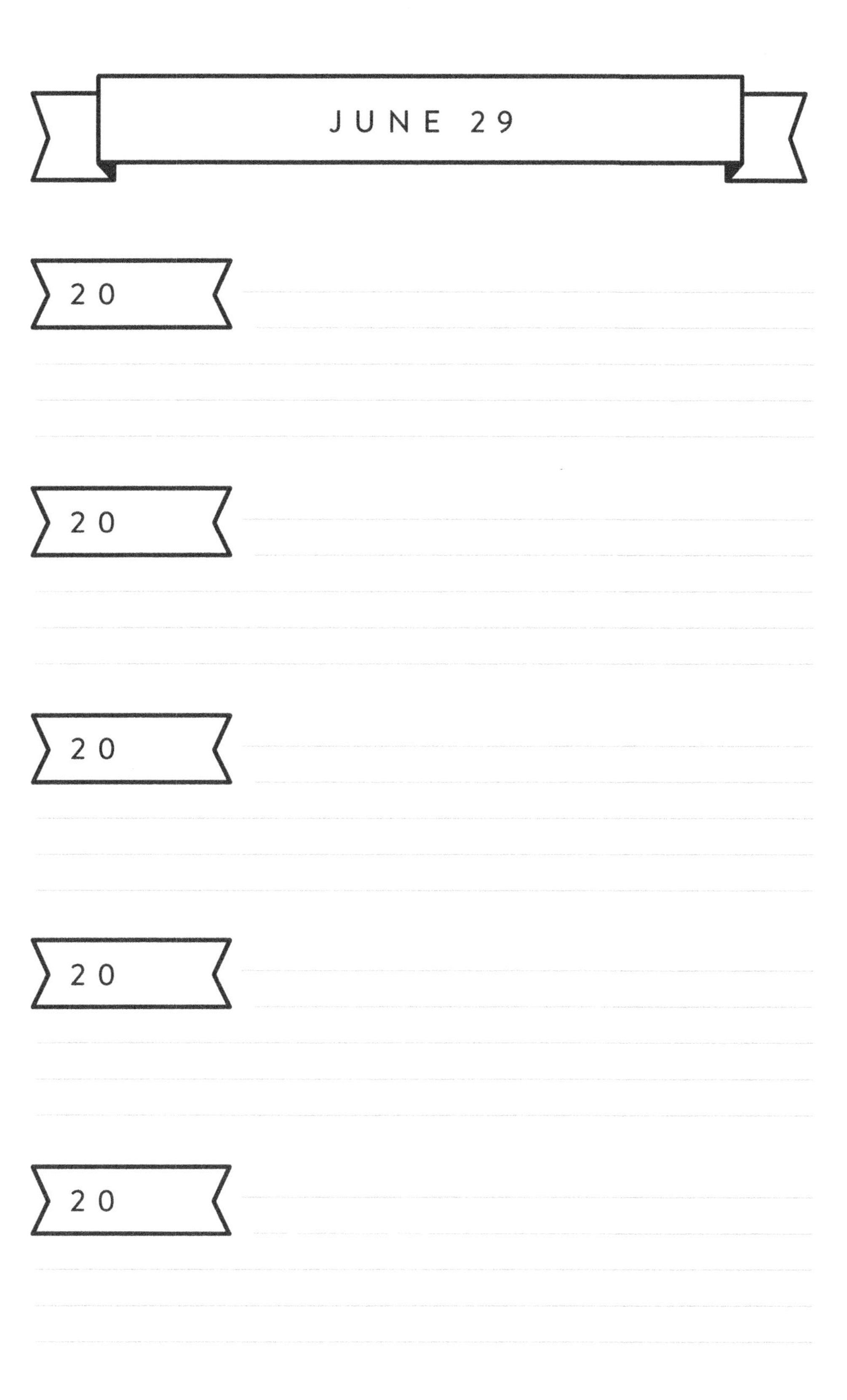
JUNE 29
20
20
20
20
20

JUNE 30

20

20

20

20

20

JULY 1

20

20

20

20

20

JULY 2
20
20
20
20
20

JULY 3
20
20
20
20
20

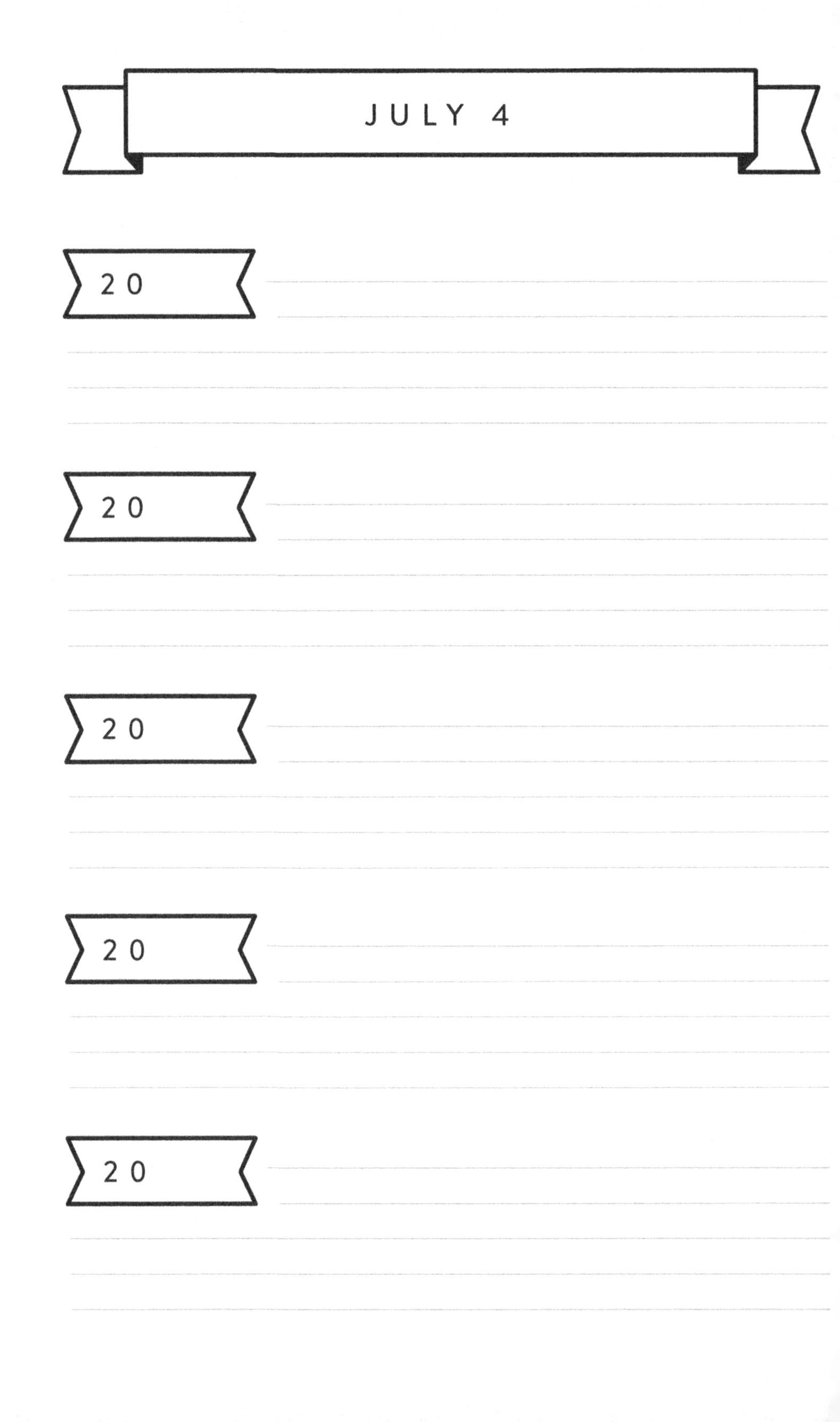
JULY 4
20
20
20
20
20

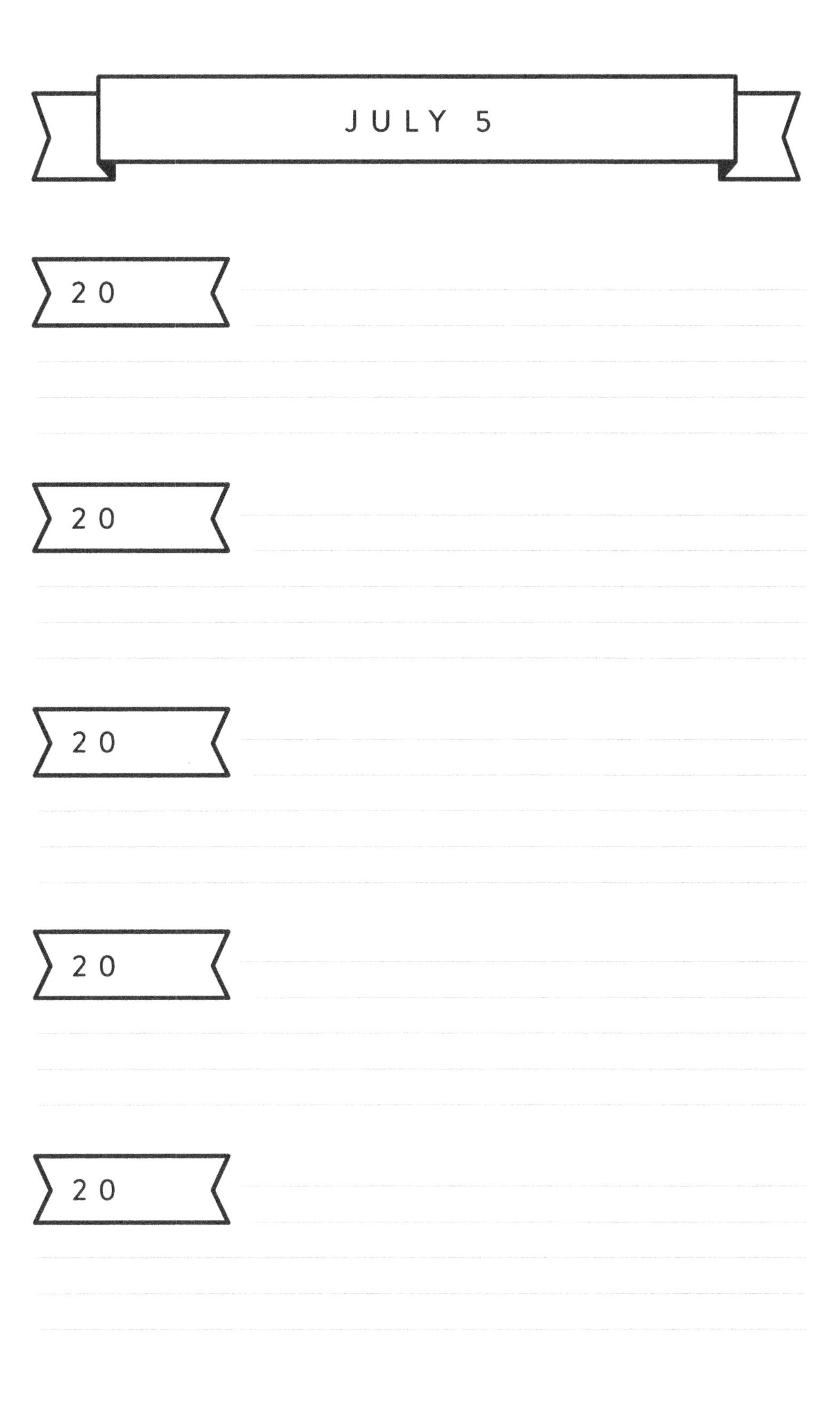
JULY 5
20
20
20
20
20

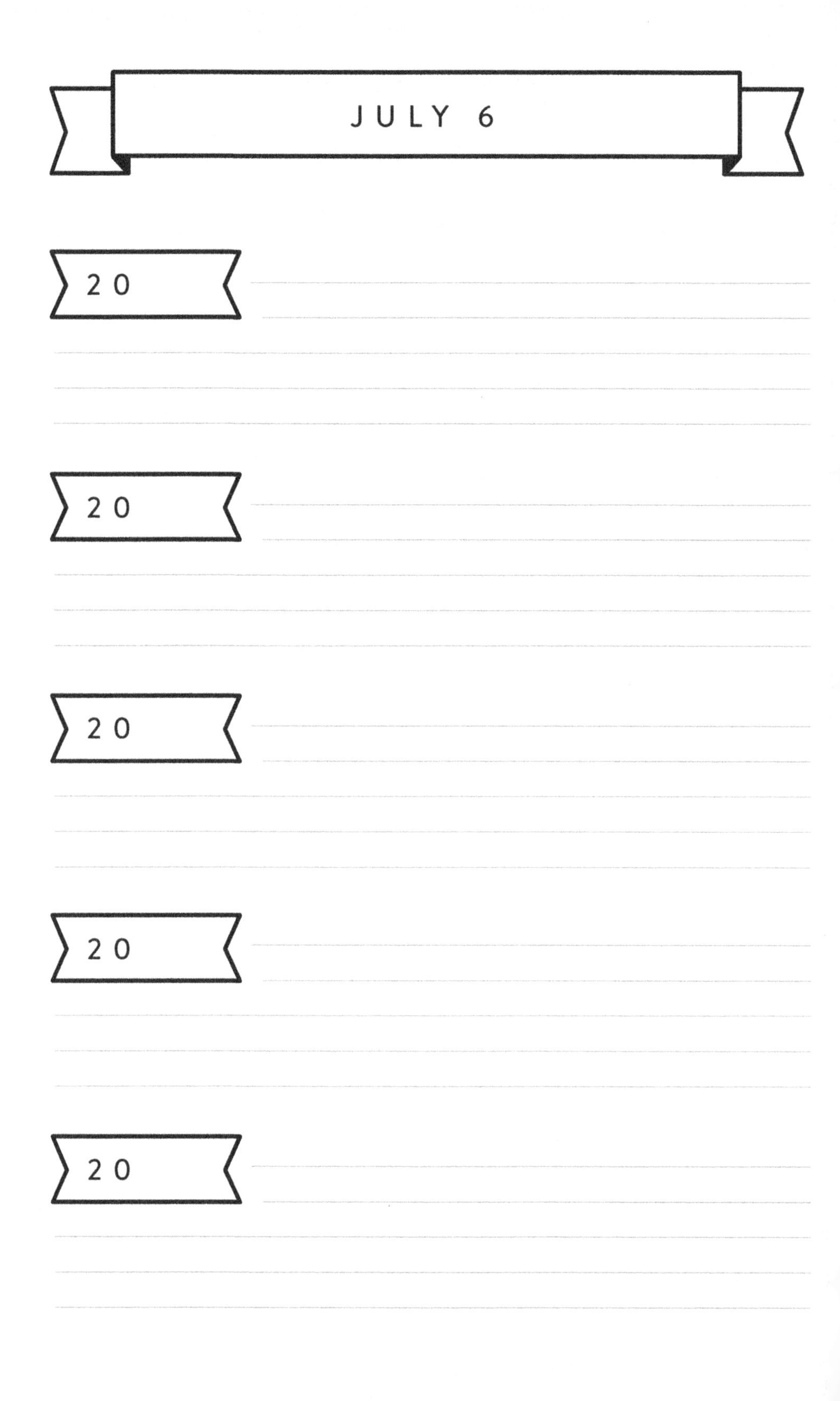
JULY 6
20
20
20
20
20

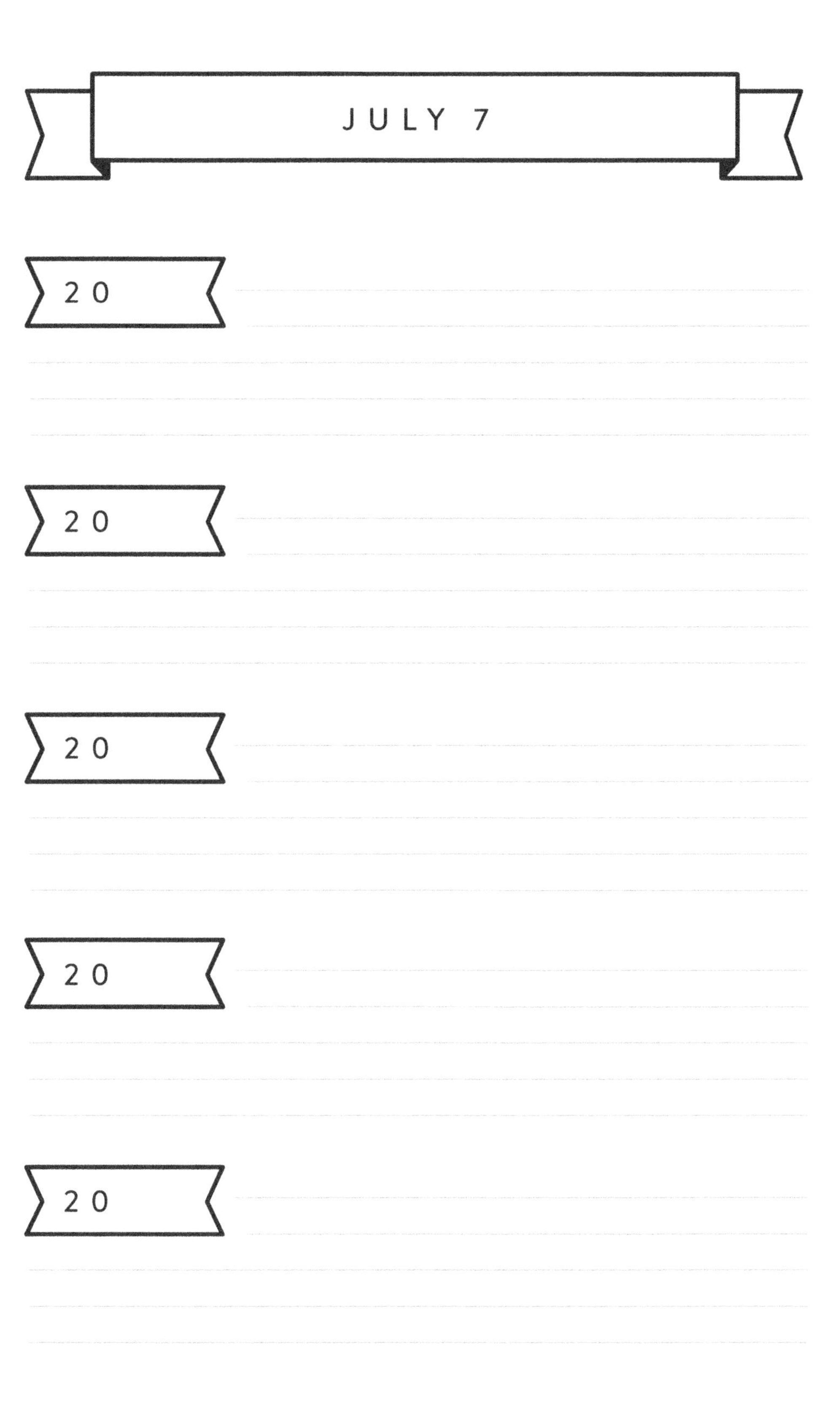
JULY 7
20
20
20
20
20

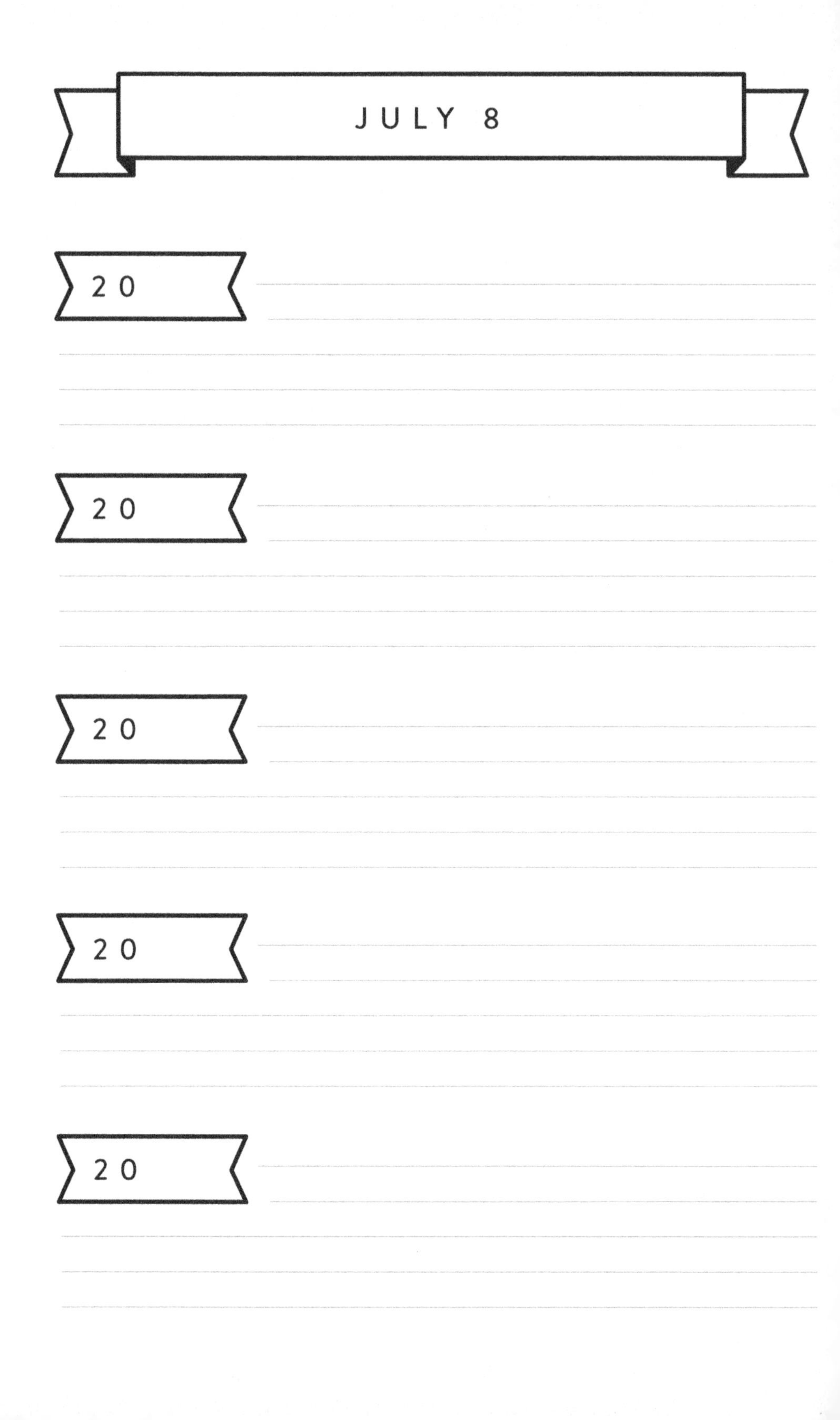
JULY 8
20
20
20
20
20

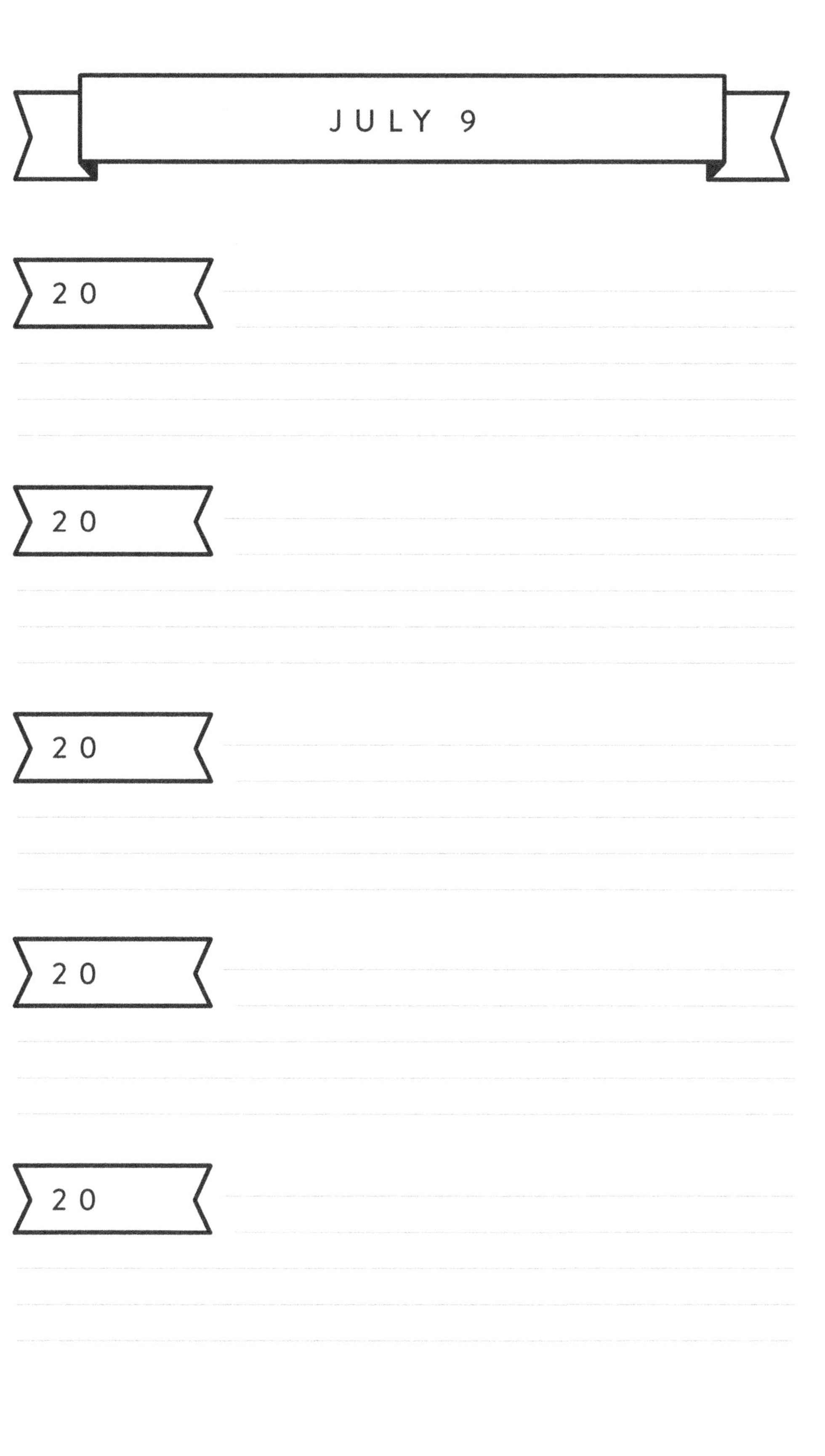
JULY 9
20
20
20
20
20

JULY 10

20

20

20

20

20

JULY 11

20

20

20

20

20

JULY 12
20
20
20
20
20

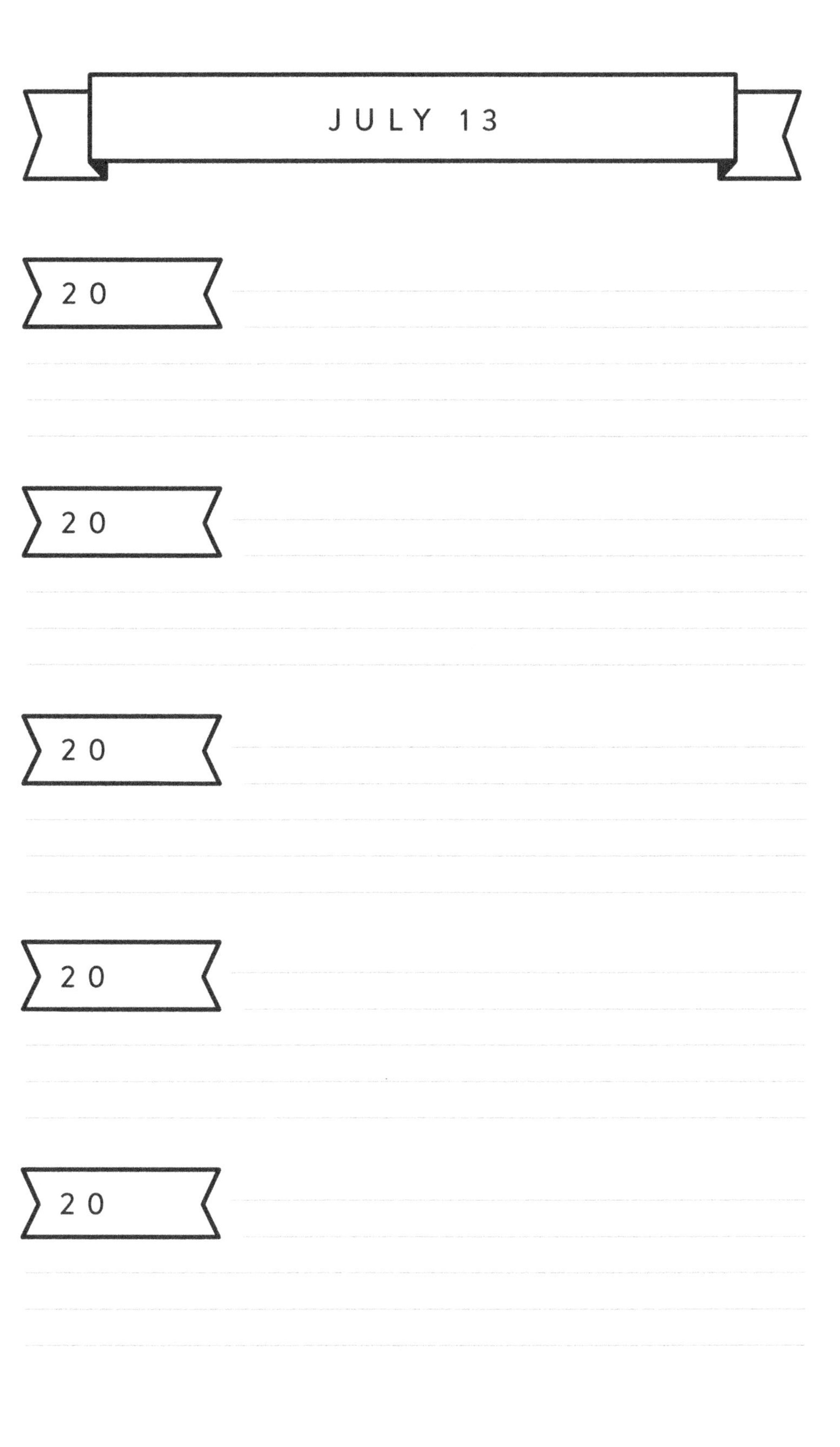
JULY 13
20
20
20
20
20

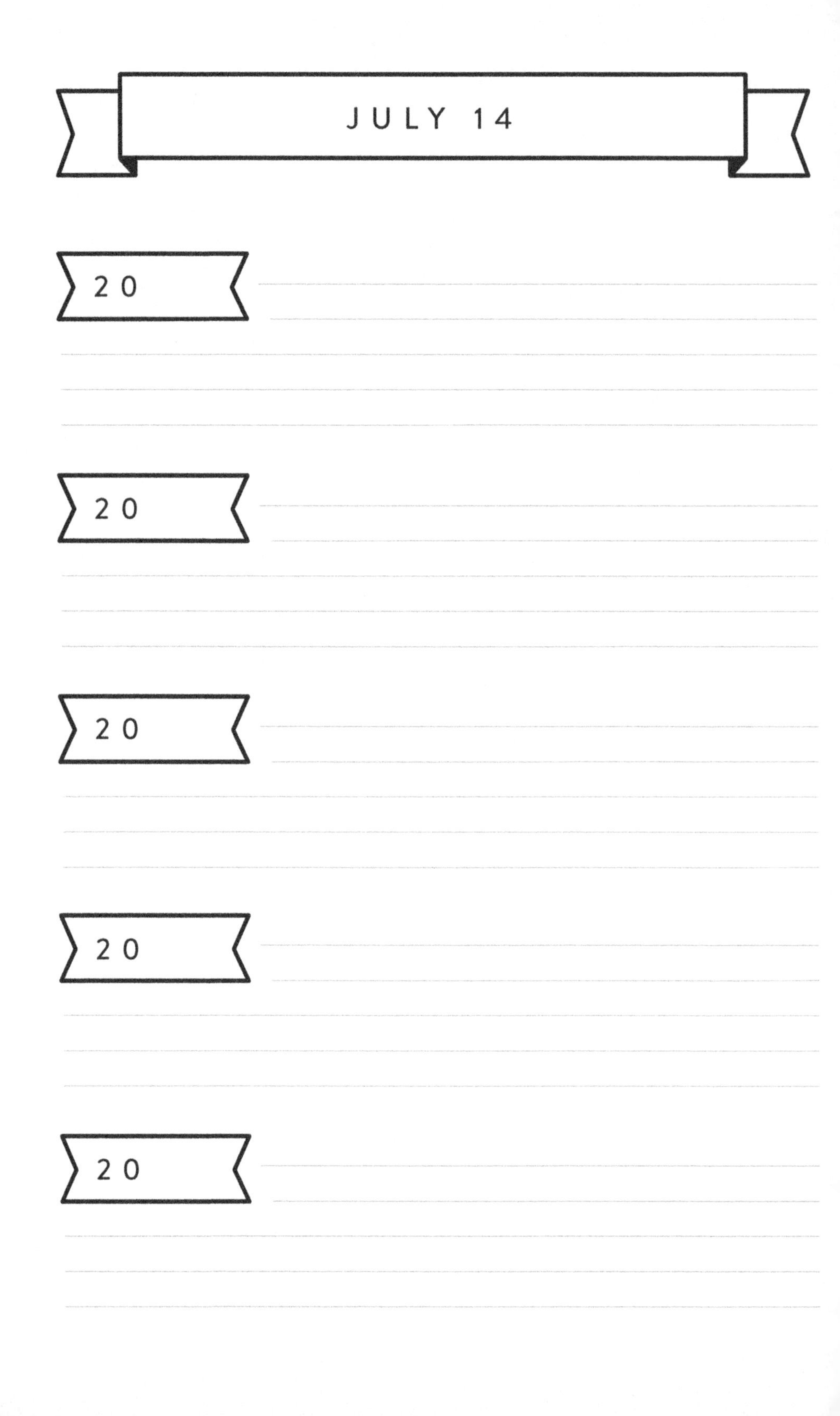
JULY 14
20
20
20
20
20

JULY 15

20

20

20

20

20

JULY 16
20
20
20
20
20

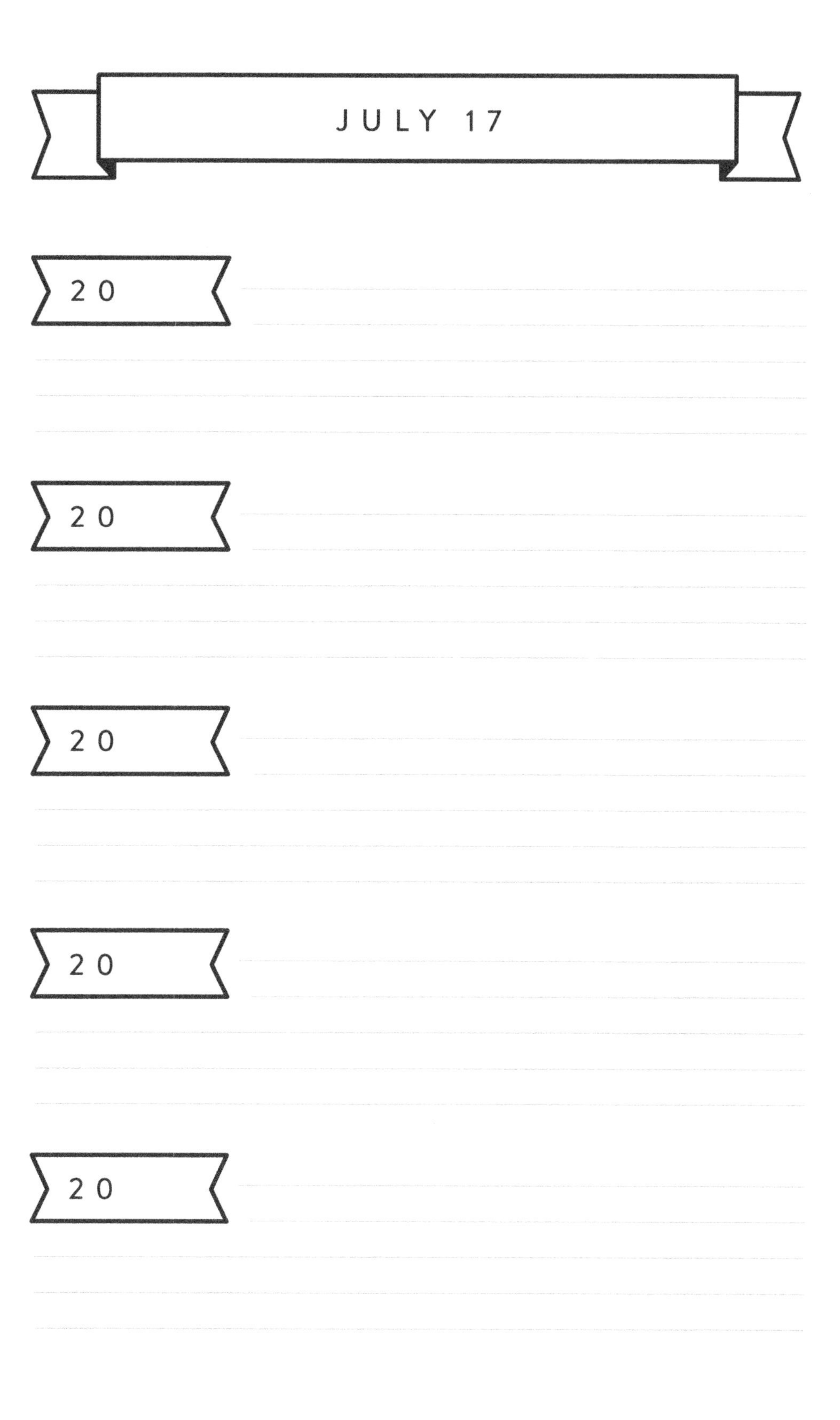
JULY 17
20
20
20
20
20

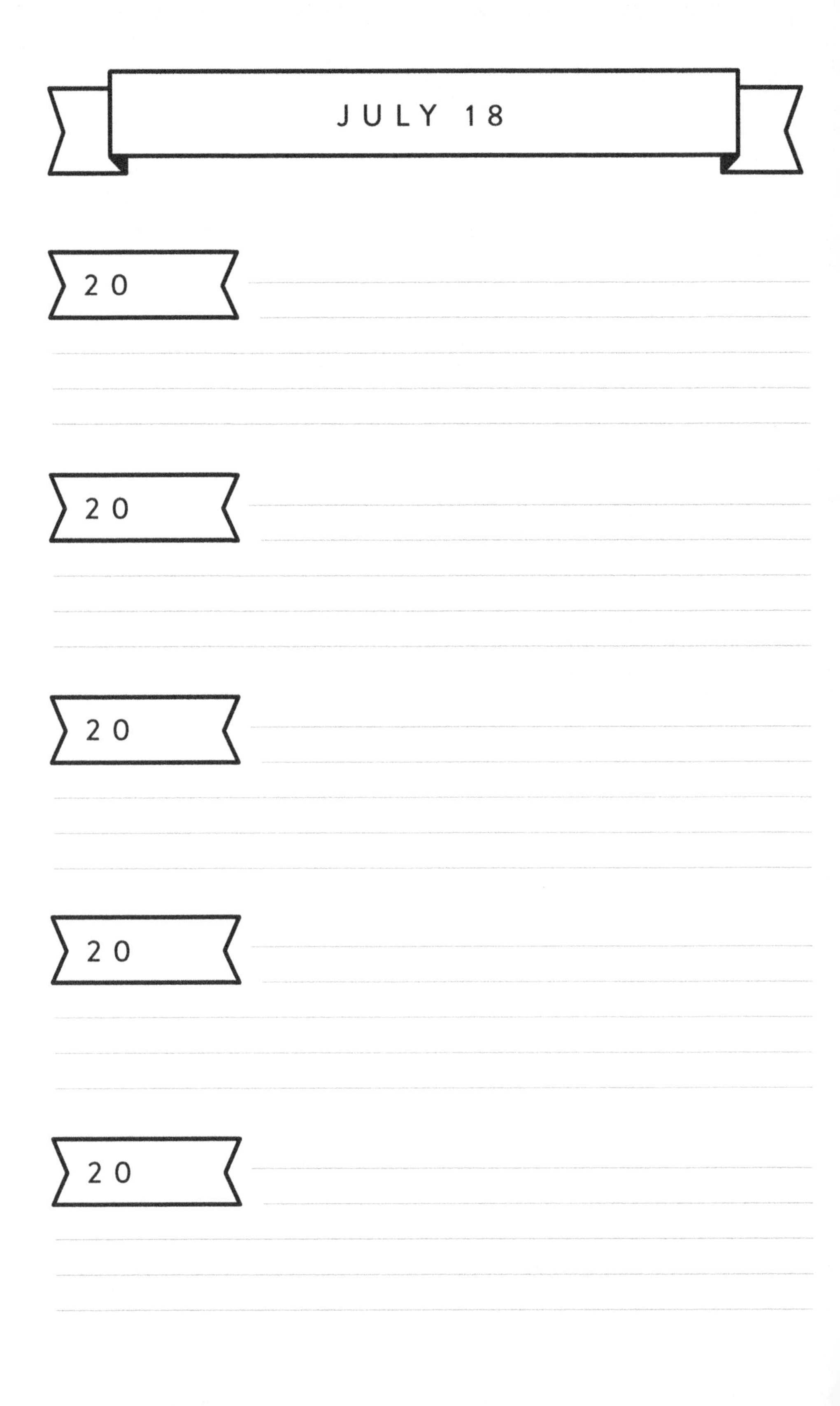

JULY 18
20
20
20
20
20

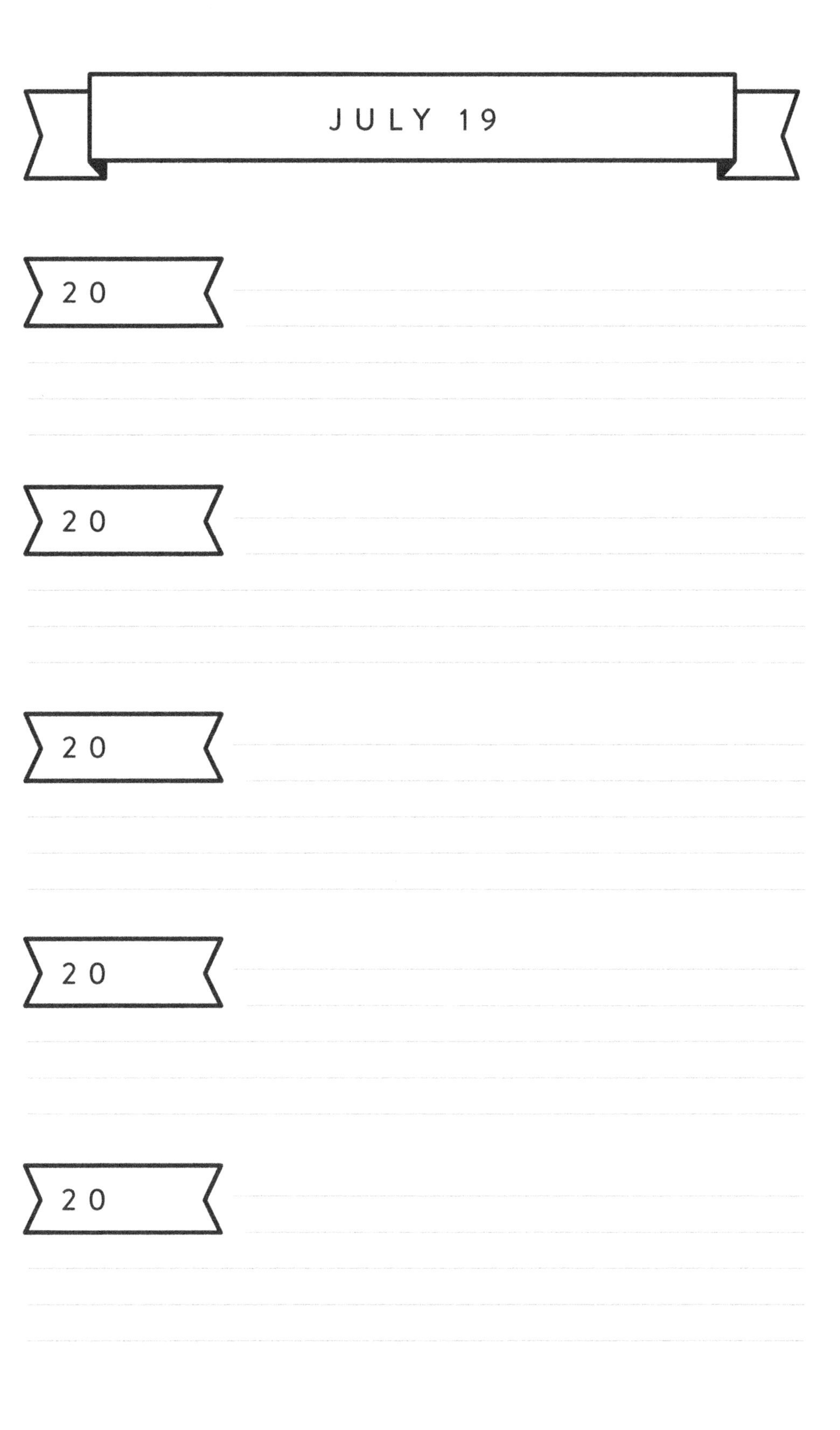
JULY 19
20
20
20
20
20

JULY 20
20
20
20
20
20

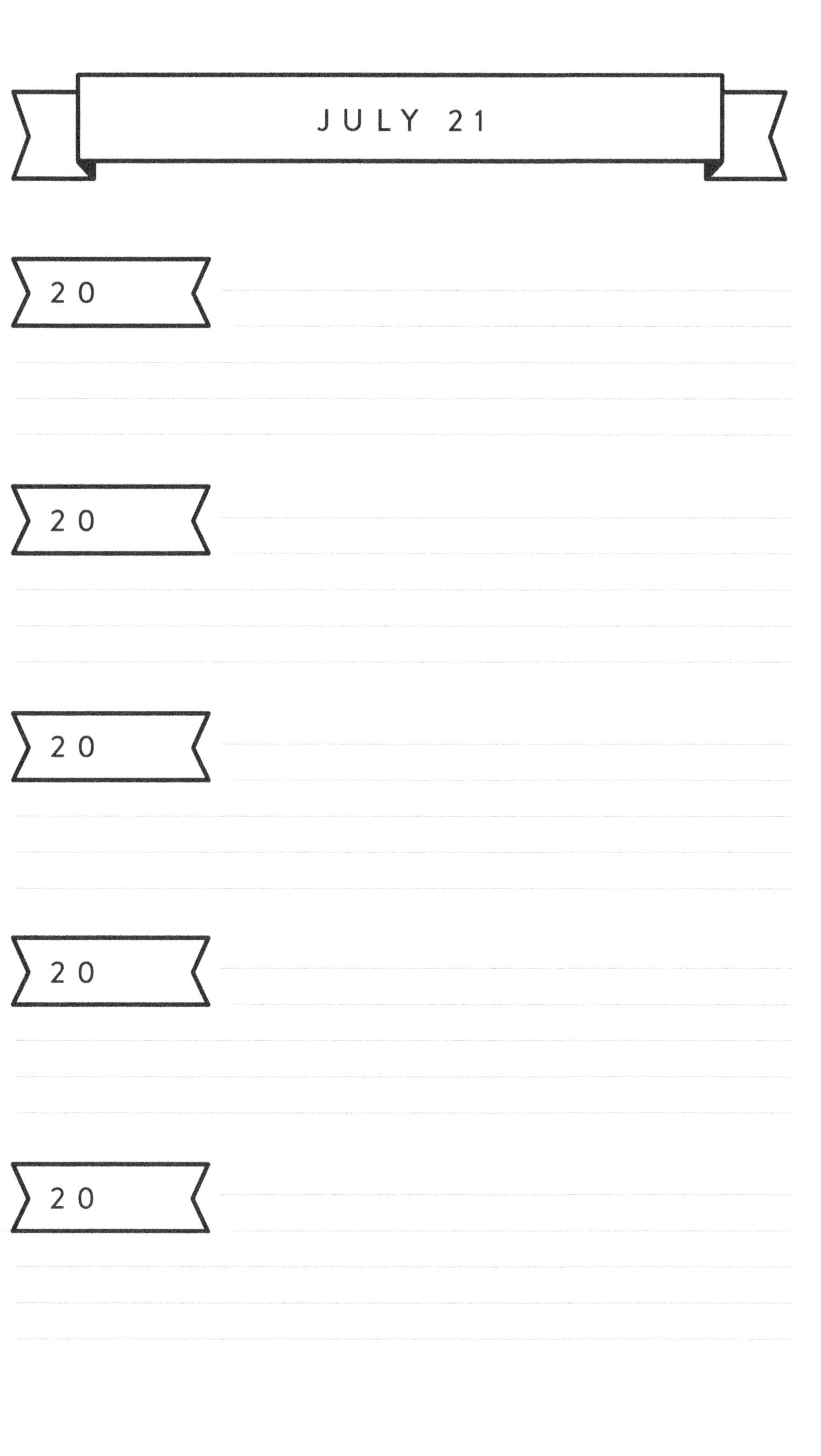
JULY 21
20
20
20
20
20

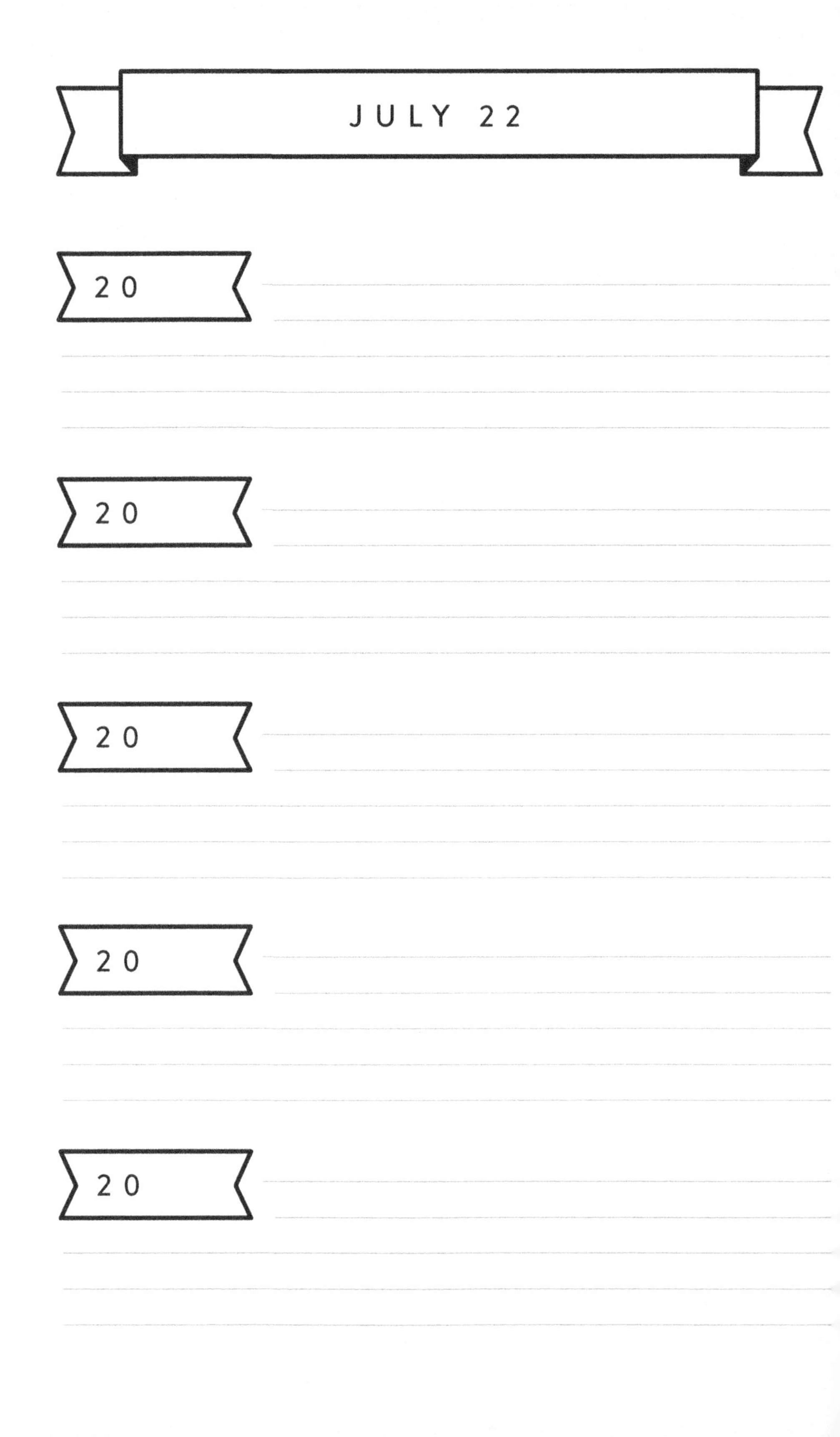
JULY 22
20
20
20
20
20

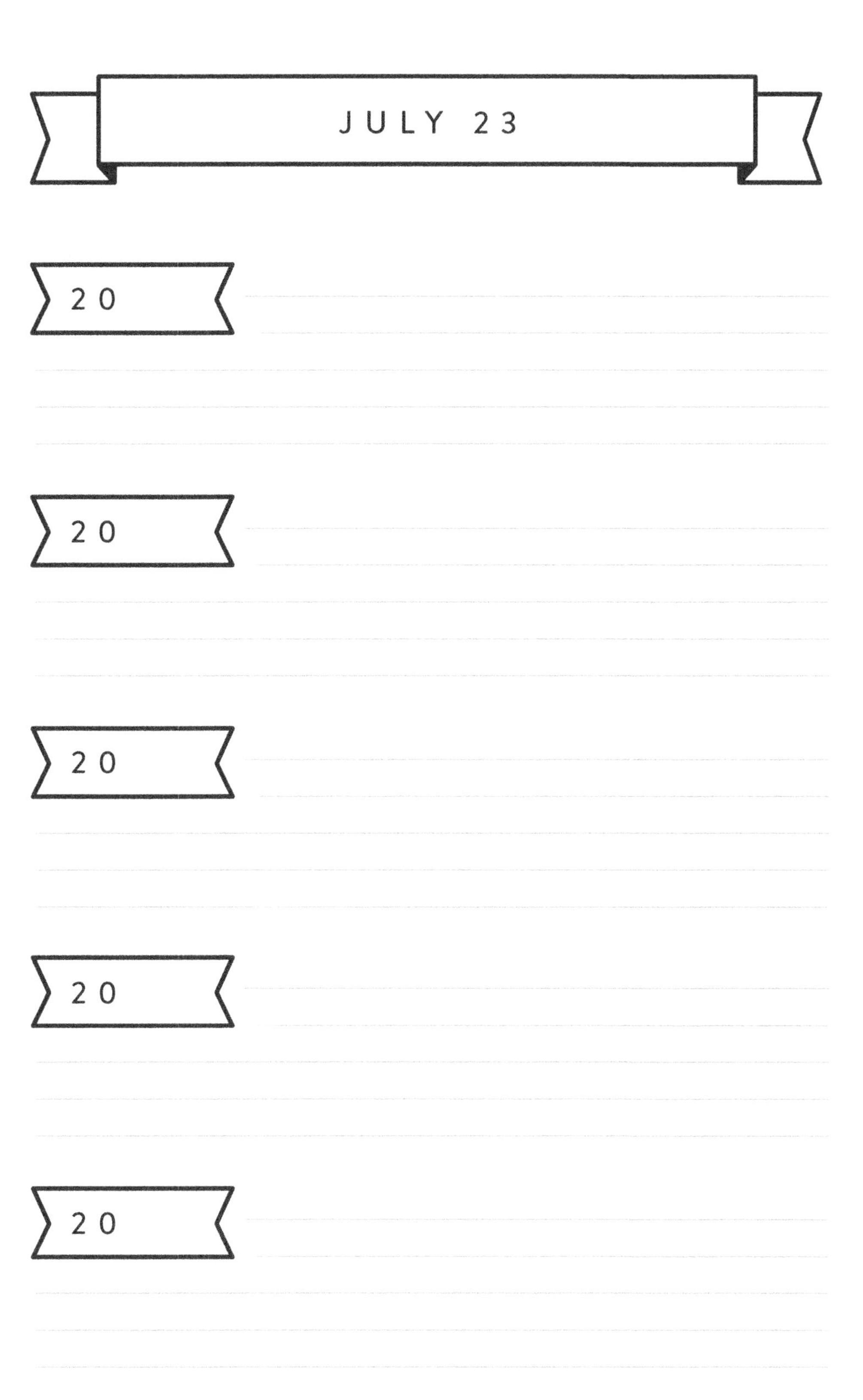
JULY 23
20
20
20
20
20

JULY 24

20

20

20

20

20

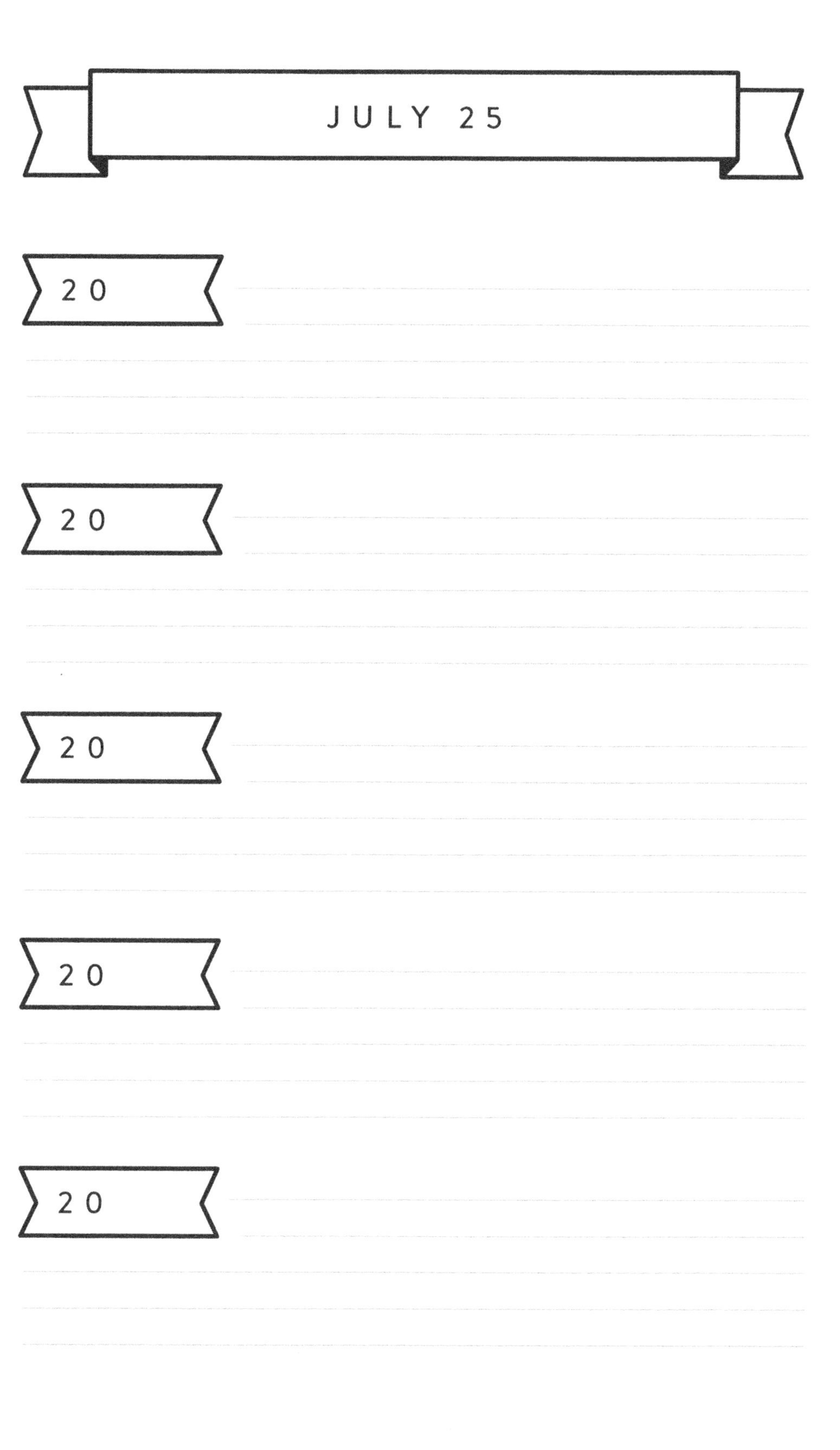
JULY 25
20
20
20
20
20

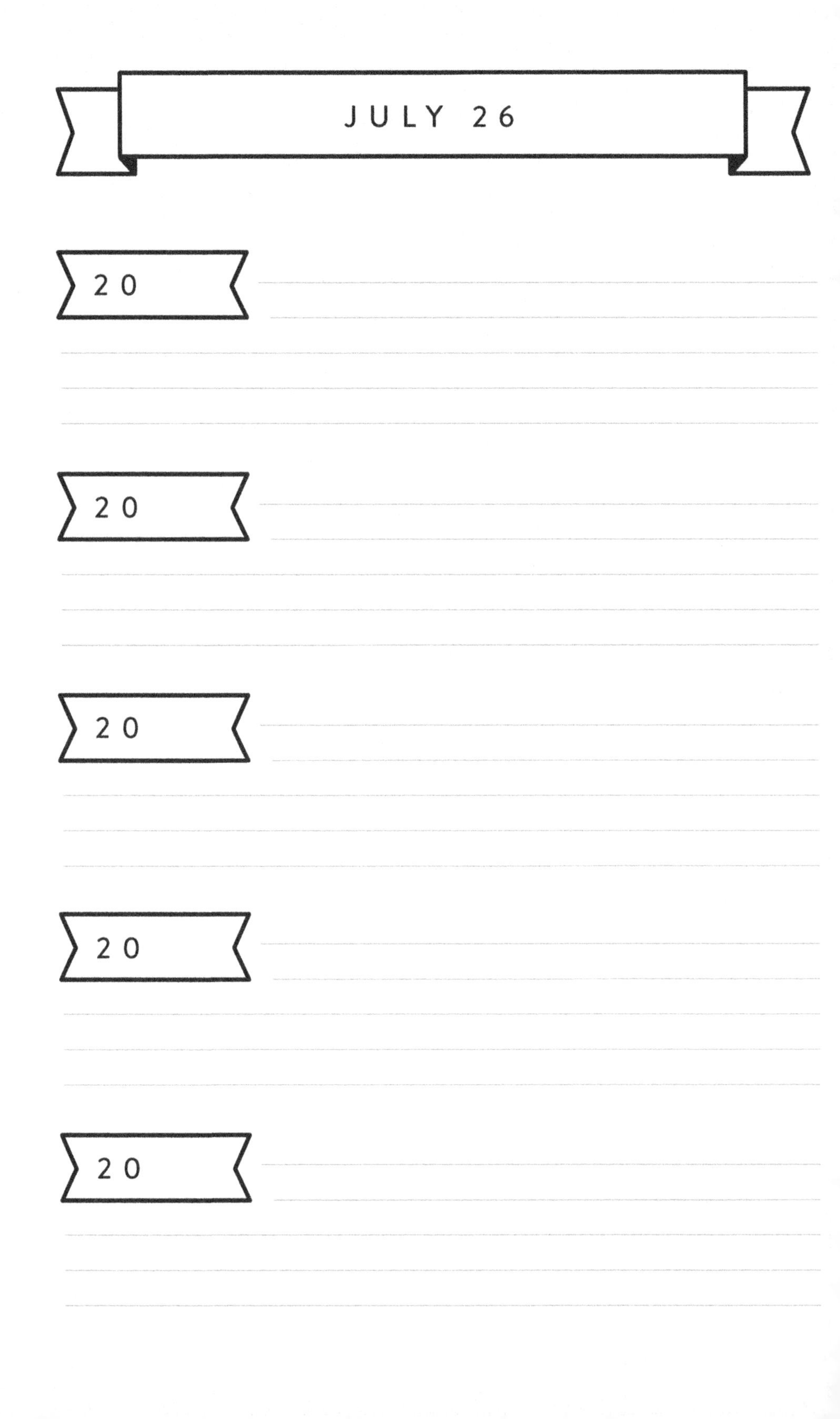
JULY 26
20
20
20
20
20

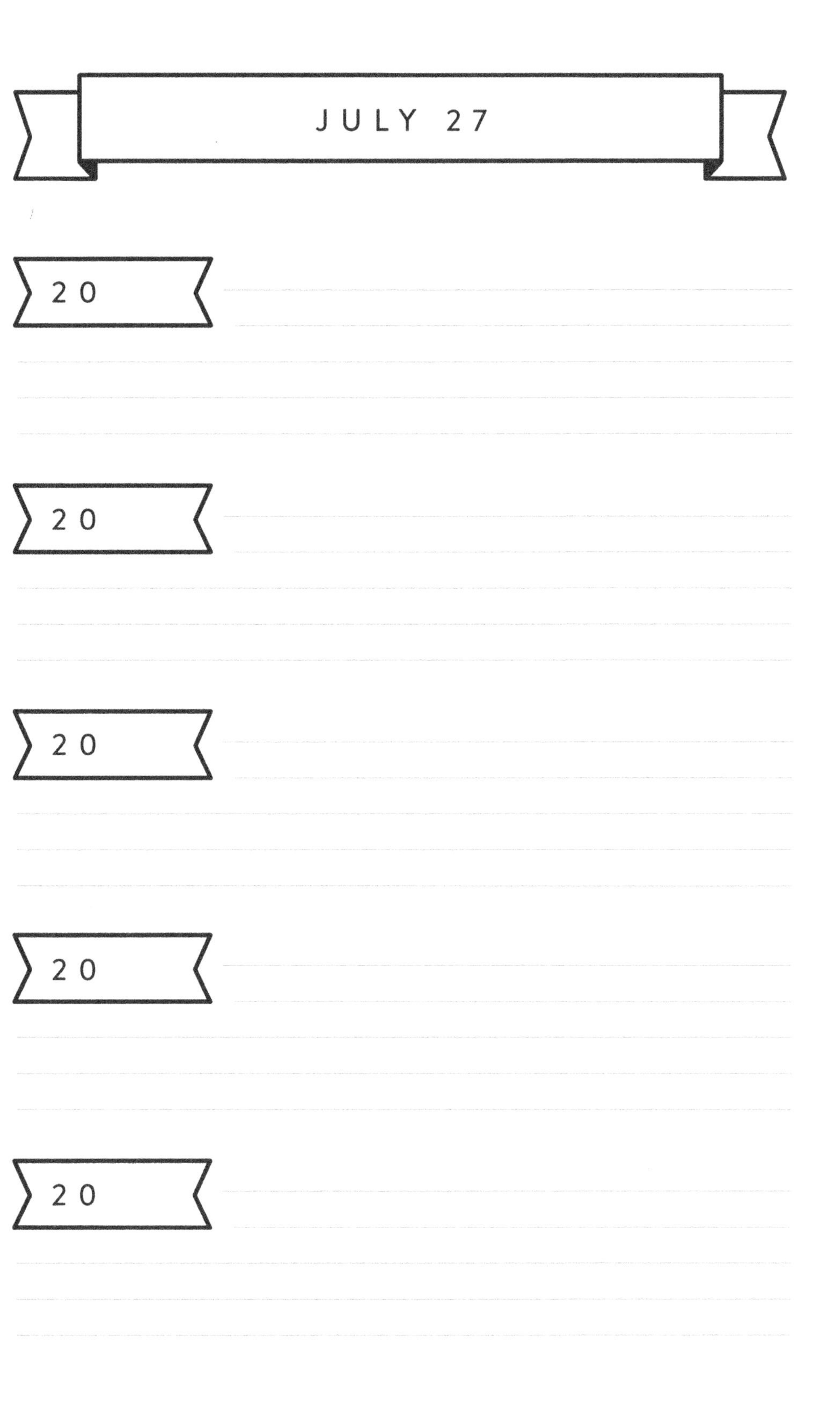
JULY 27
20
20
20
20
20

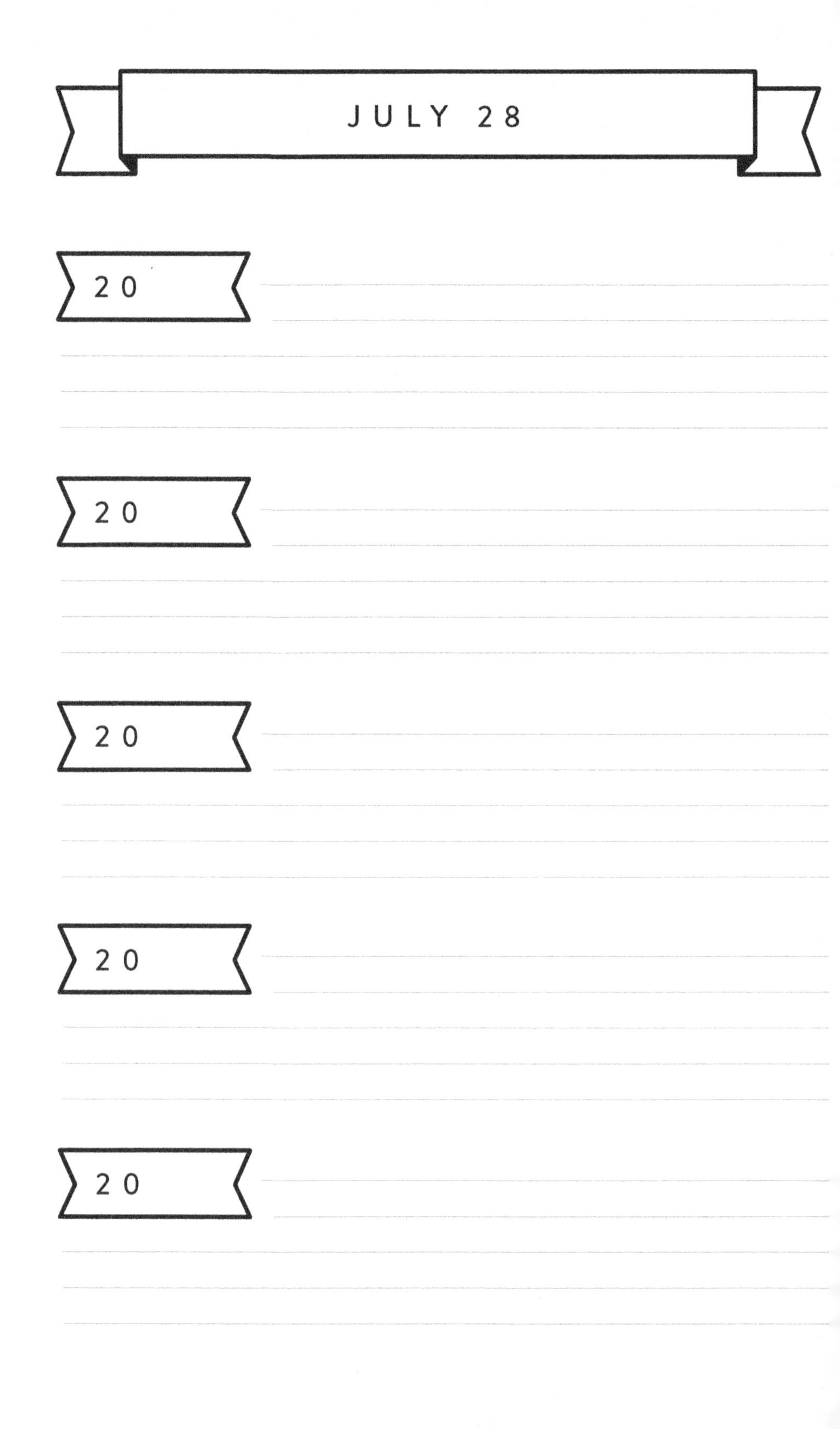
JULY 28
20
20
20
20
20

JULY 29

20

20

20

20

20

JULY 30
20
20
20
20
20

JULY 31

20

20

20

20

20

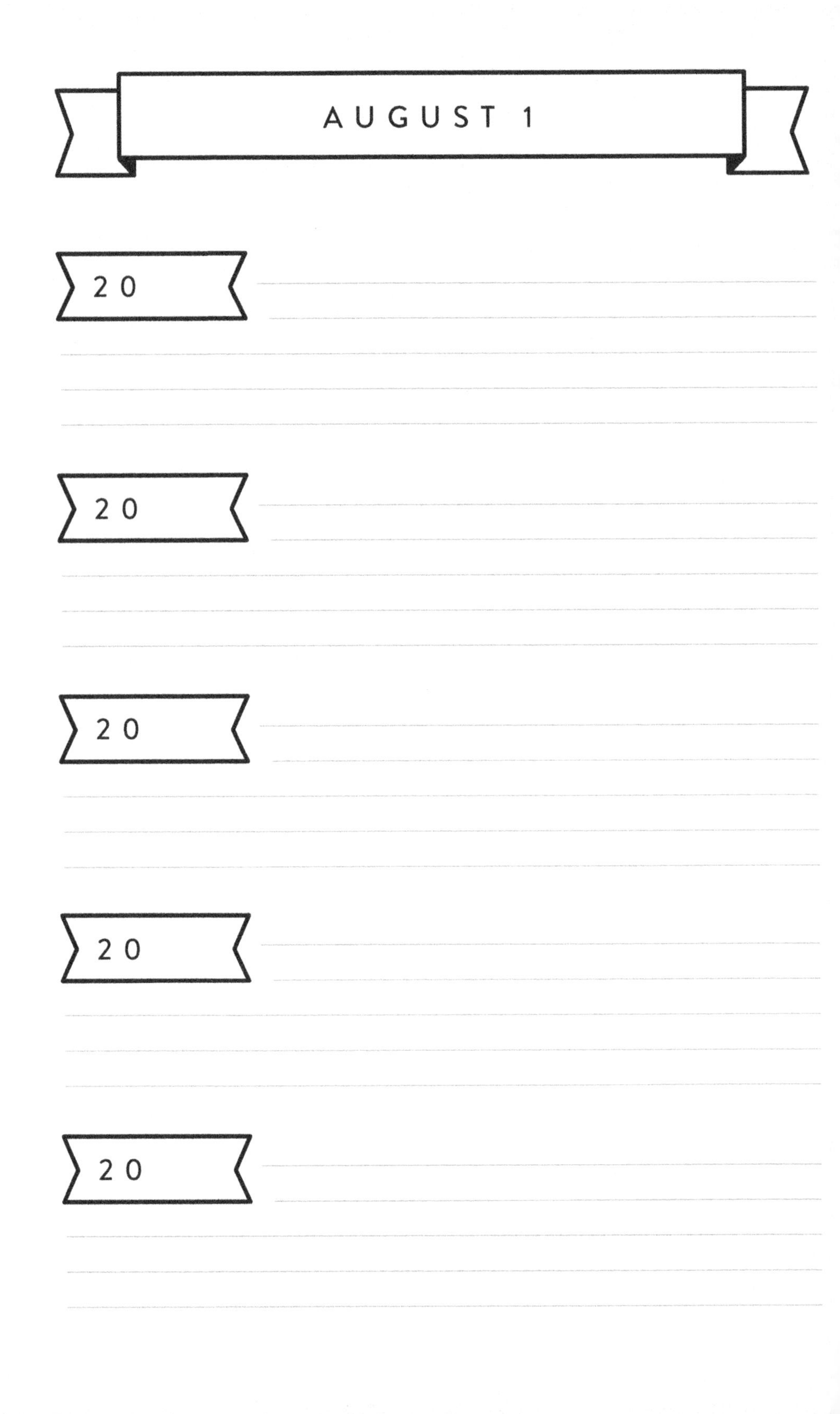
AUGUST 1
20
20
20
20
20

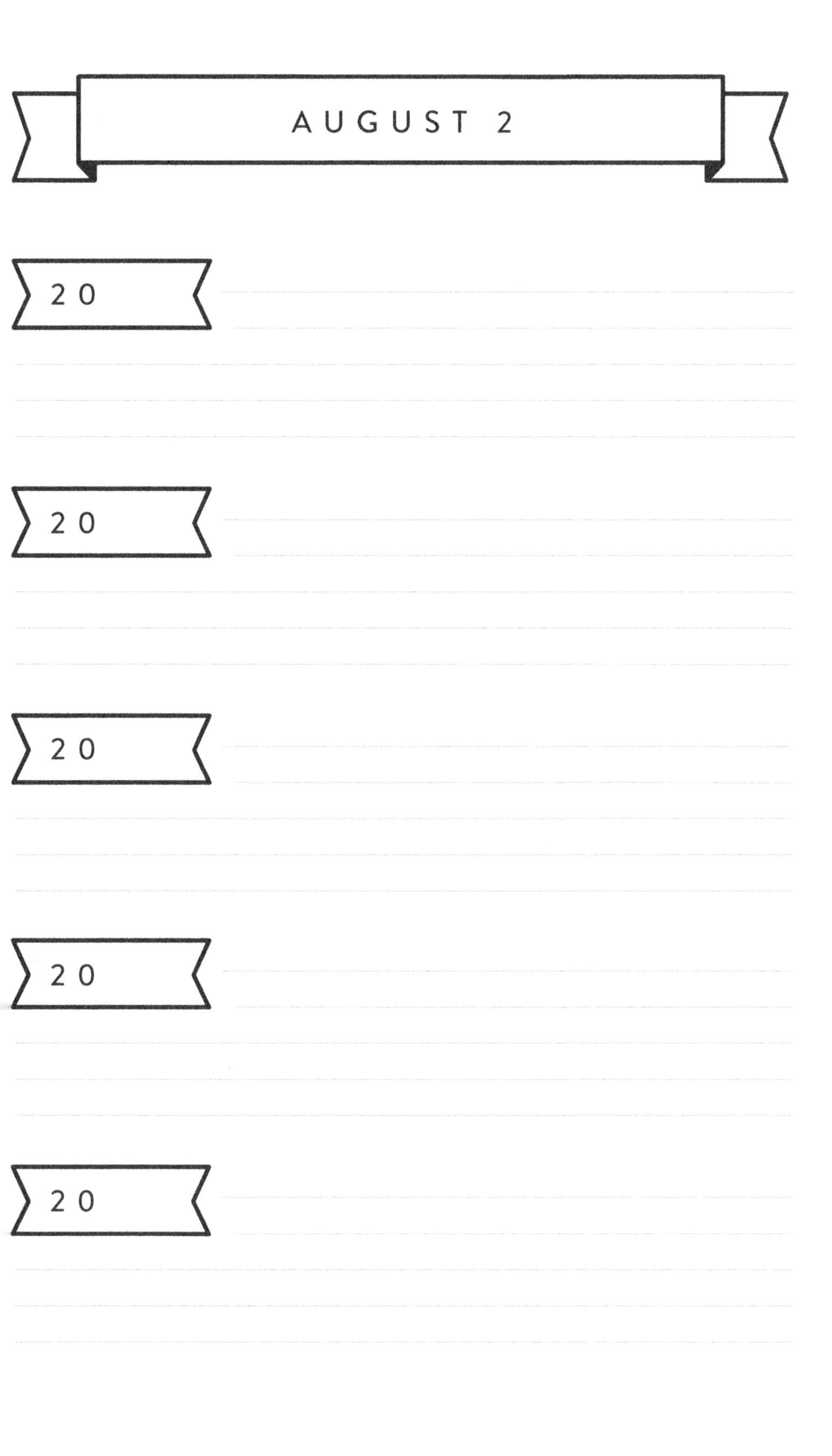
AUGUST 2
20
20
20
20
20

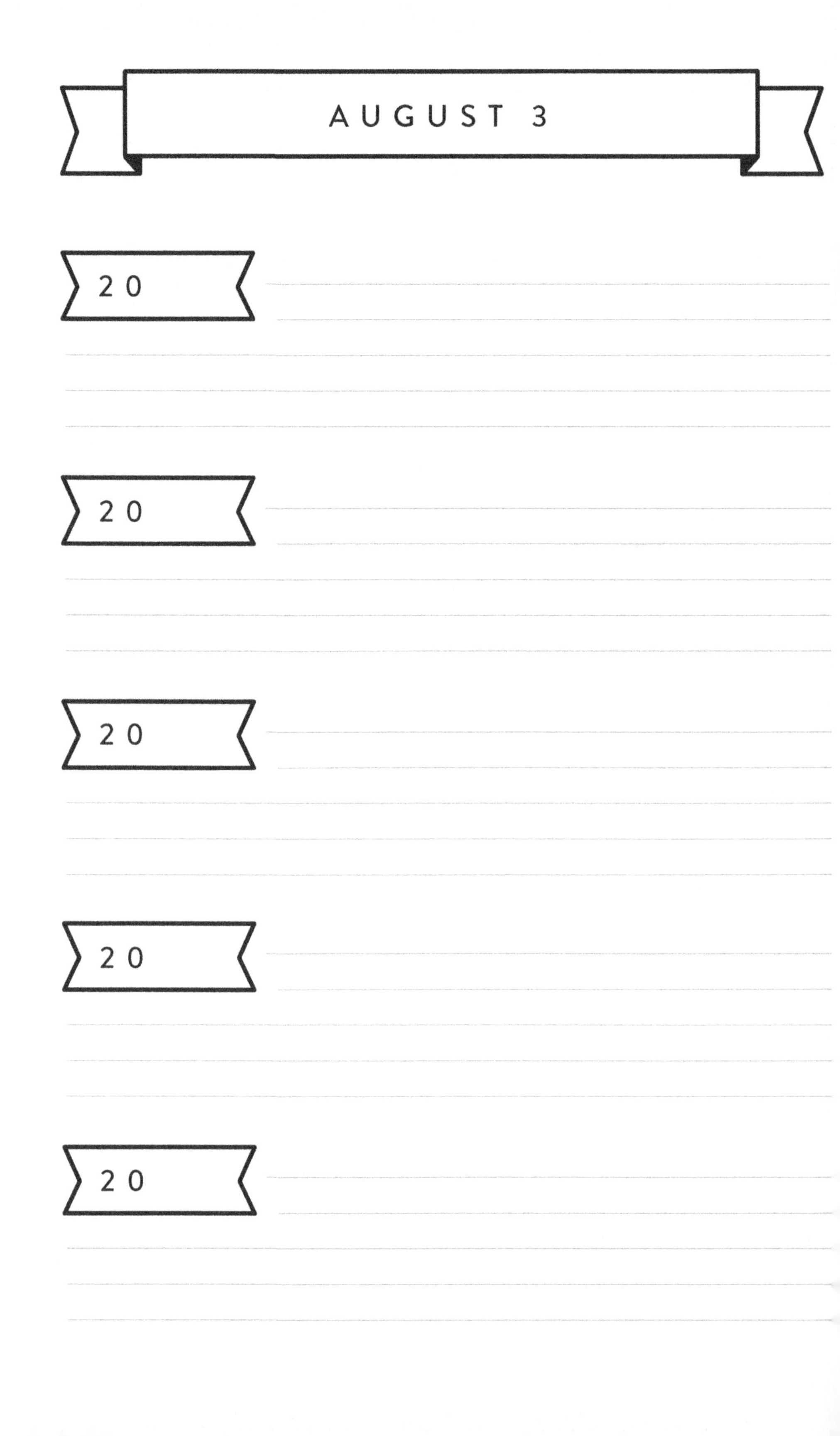
AUGUST 3
20
20
20
20
20

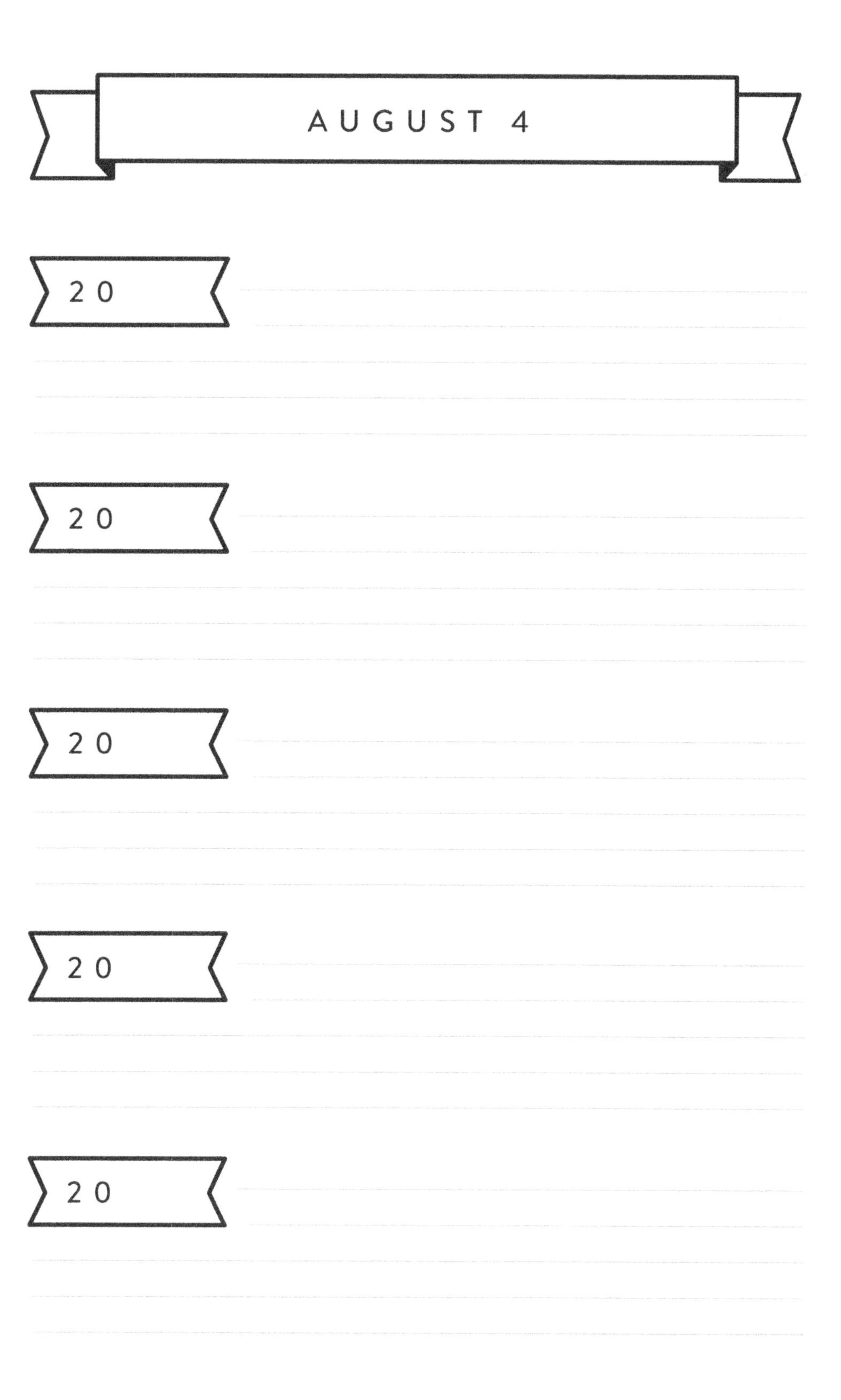
AUGUST 4
20
20
20
20
20

AUGUST 5

20

20

20

20

20

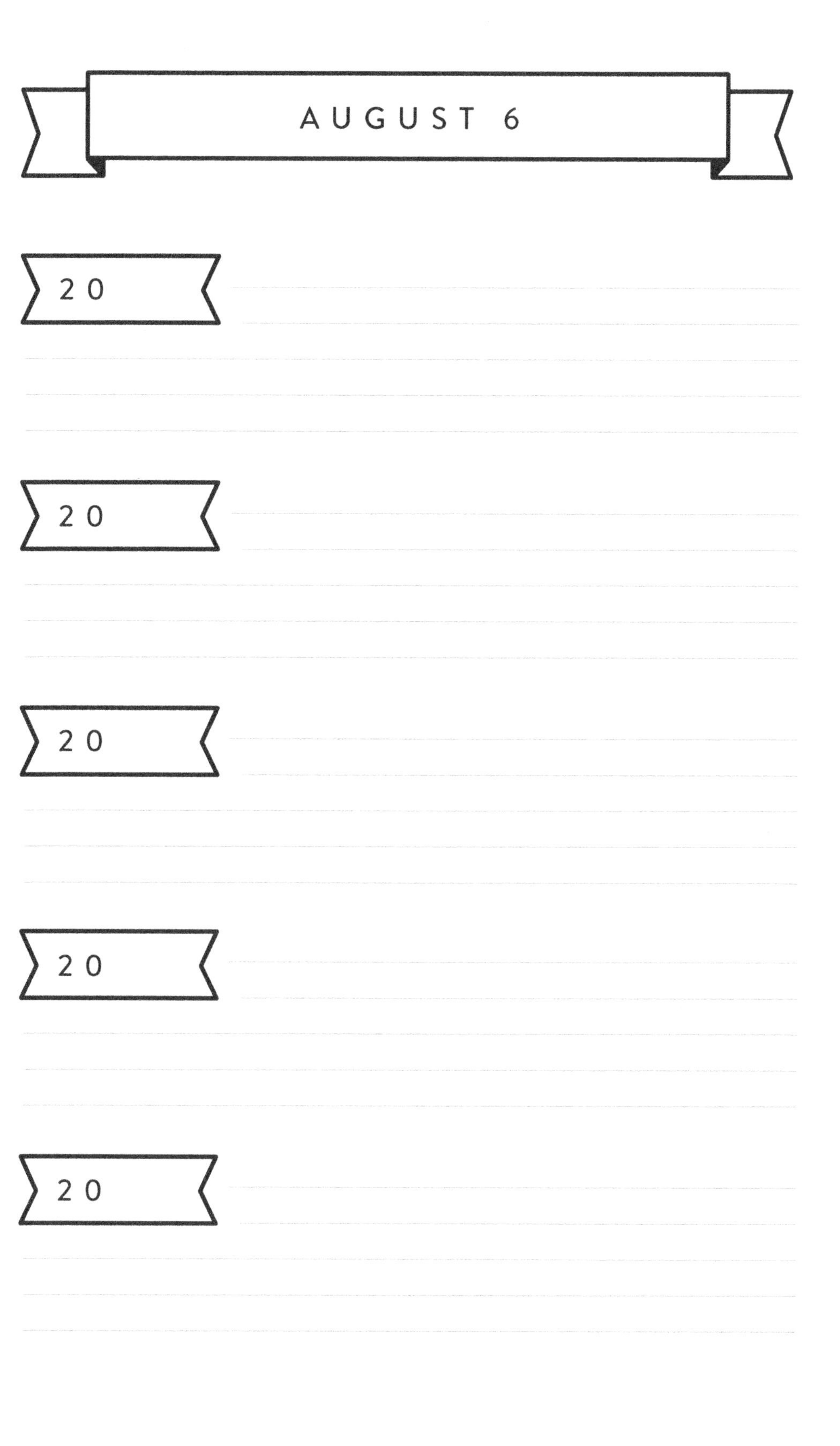
AUGUST 6
20
20
20
20
20

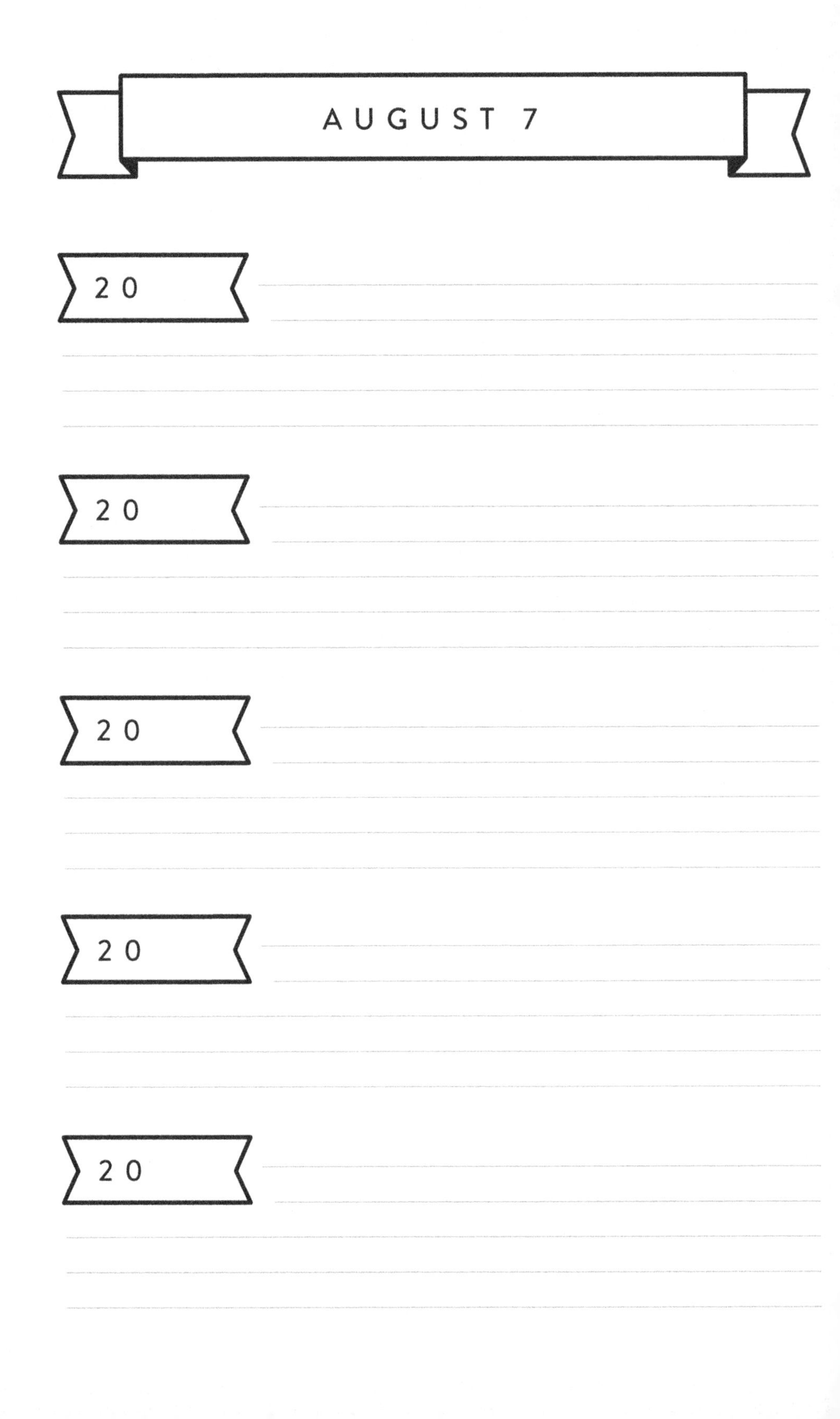
AUGUST 7
20
20
20
20
20

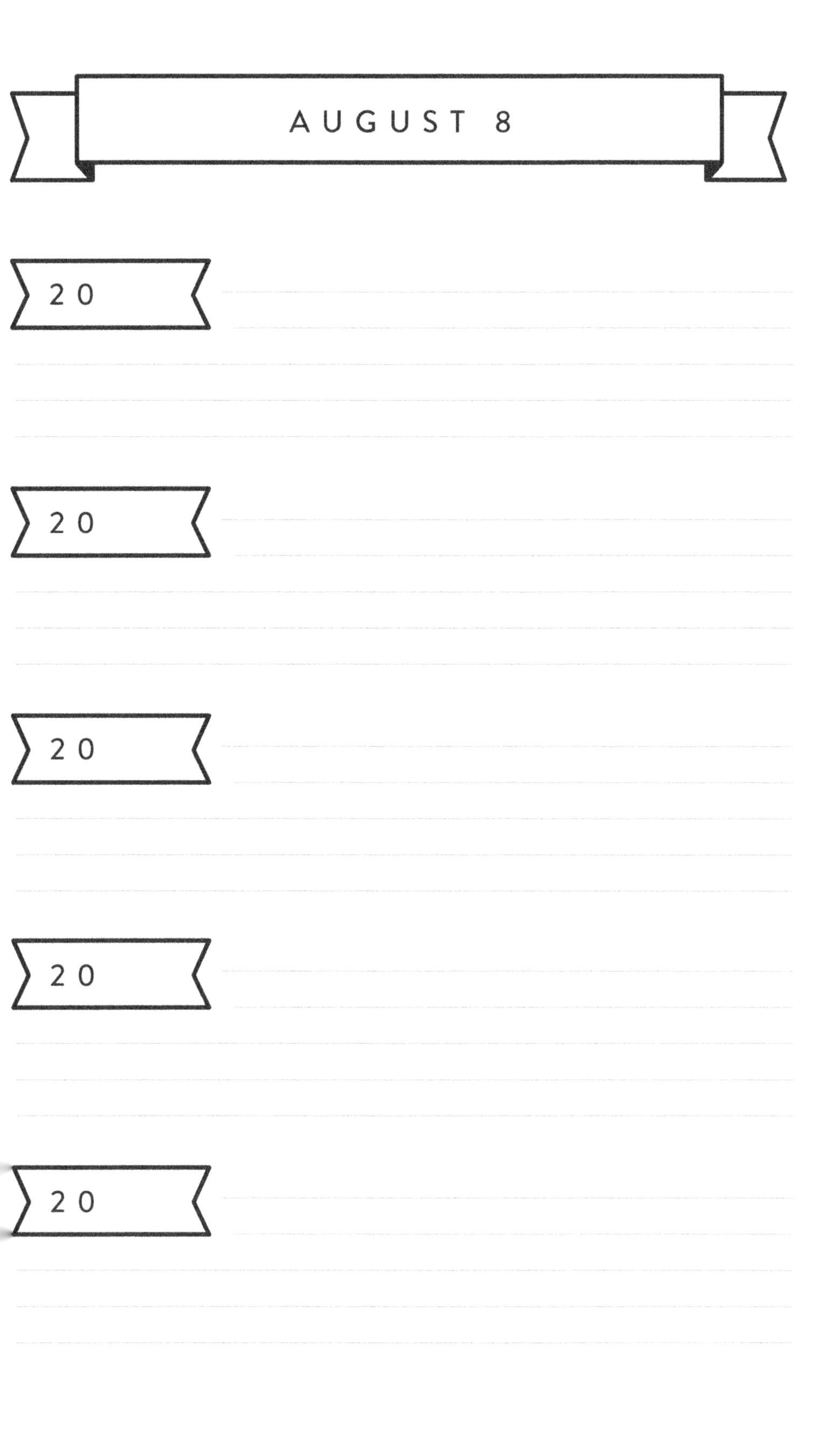
AUGUST 8
20
20
20
20
20

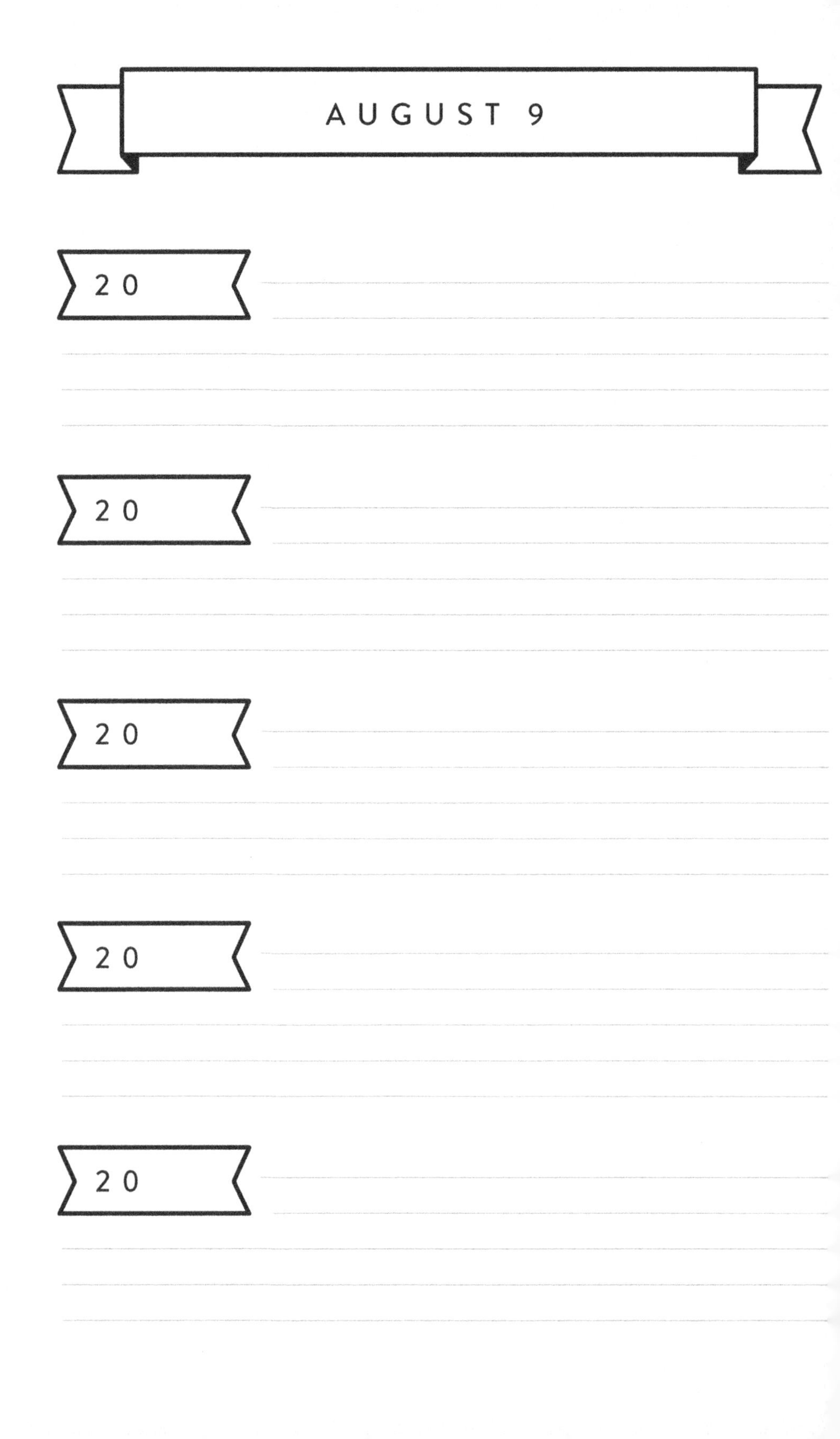
AUGUST 9
20
20
20
20
20

AUGUST 10

20

20

20

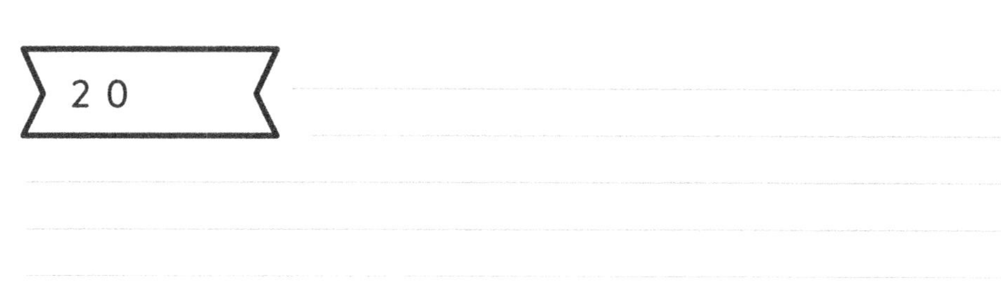

20

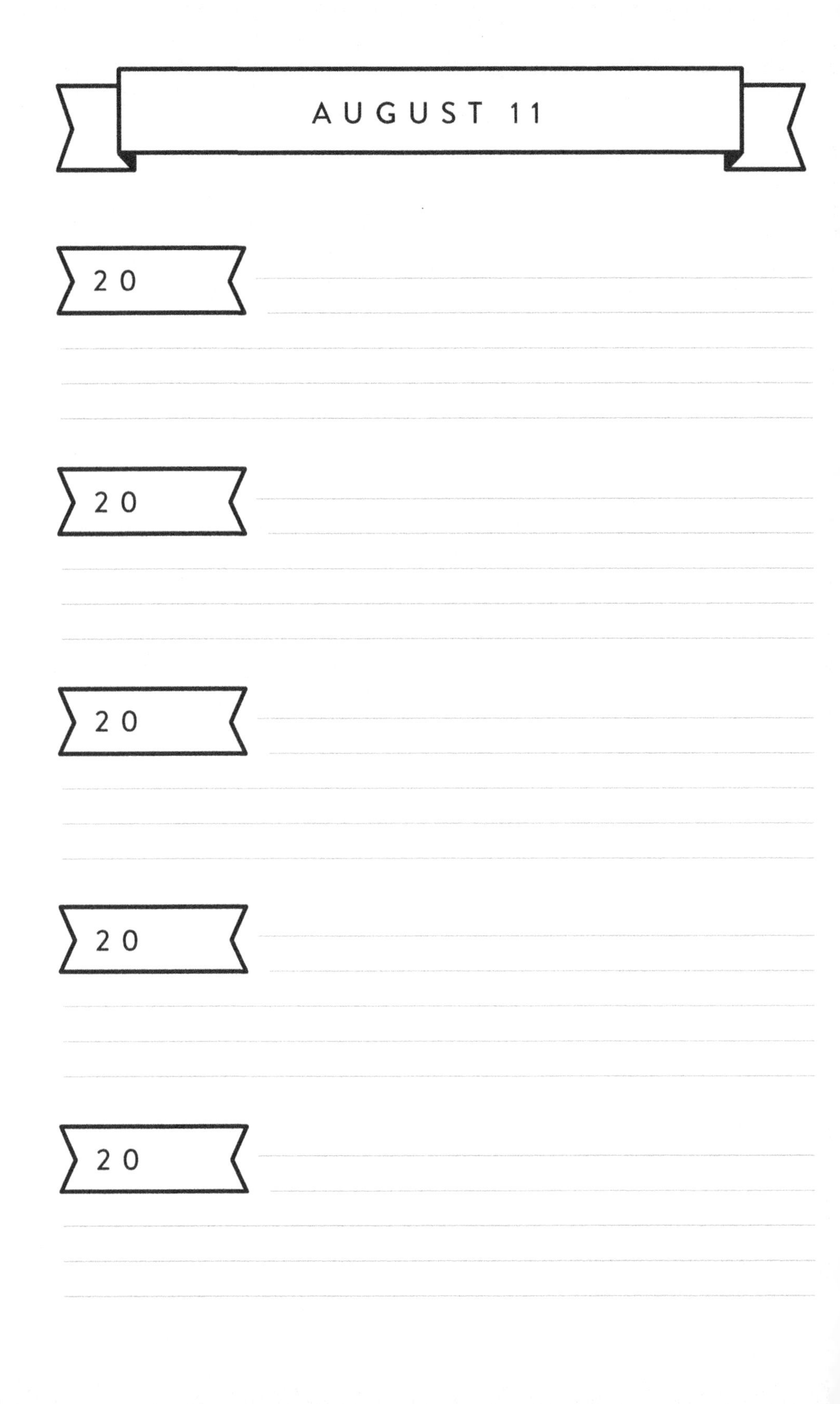
AUGUST 11
20
20
20
20
20

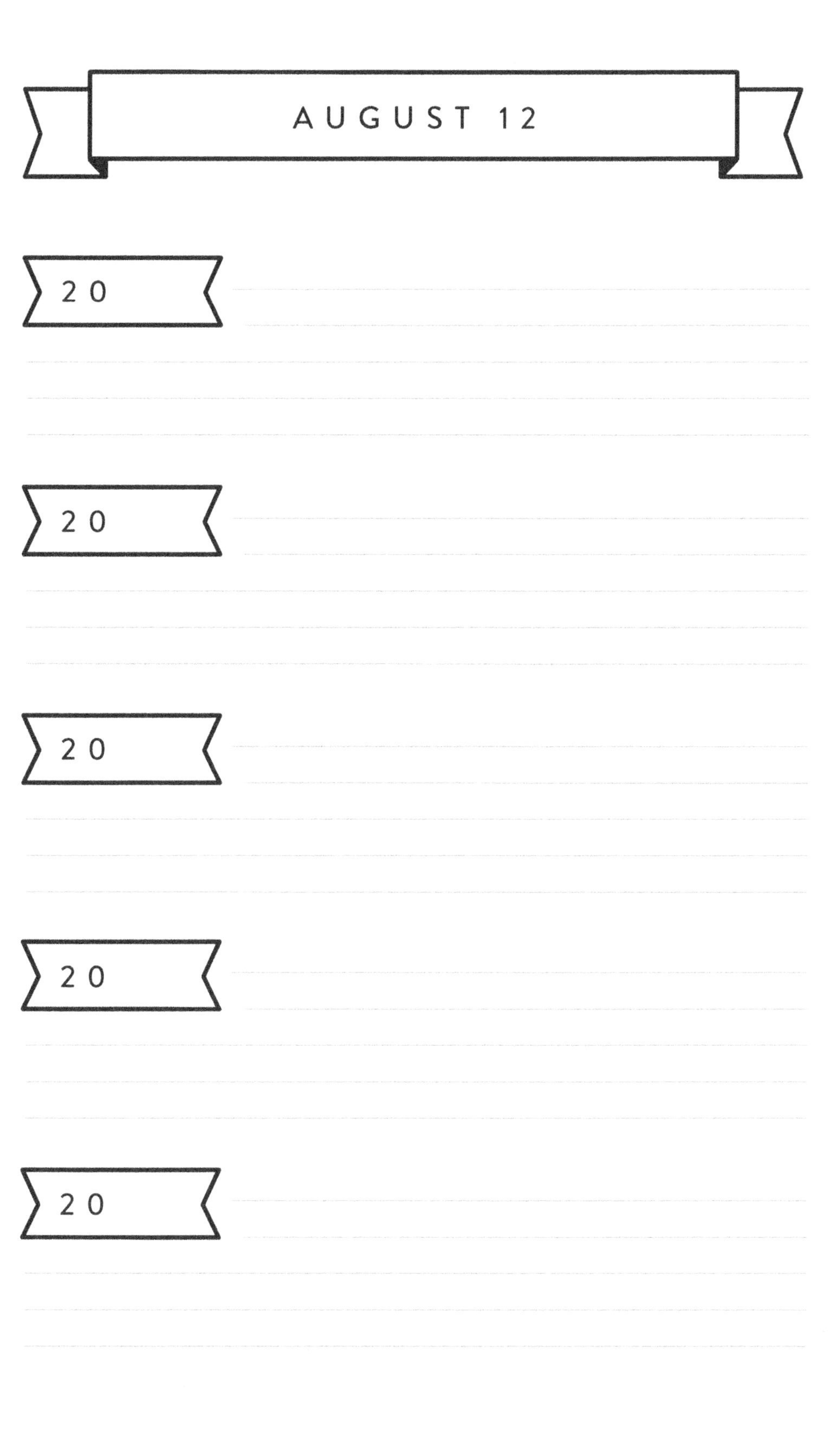
AUGUST 12
20
20
20
20
20

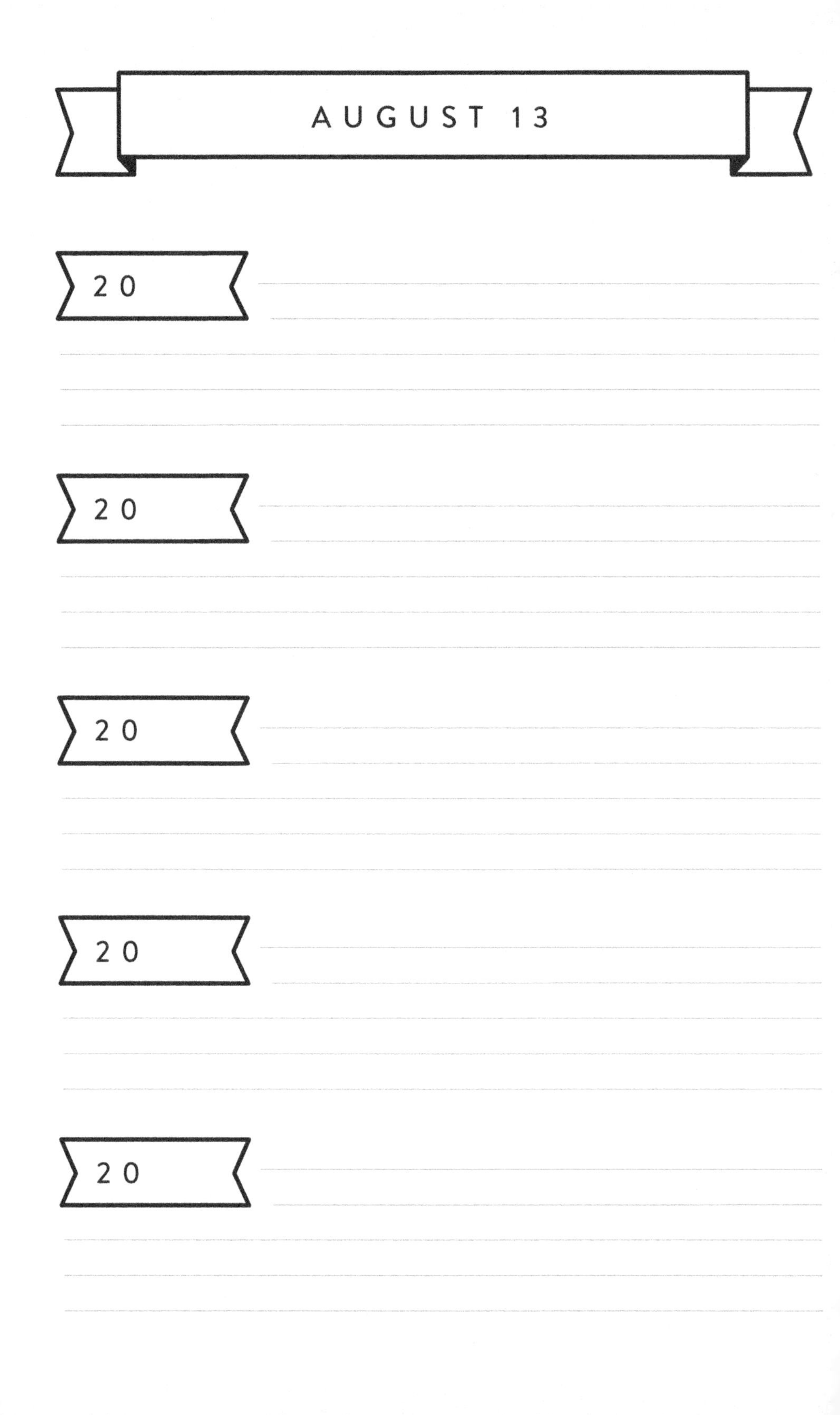
AUGUST 13
20
20
20
20
20

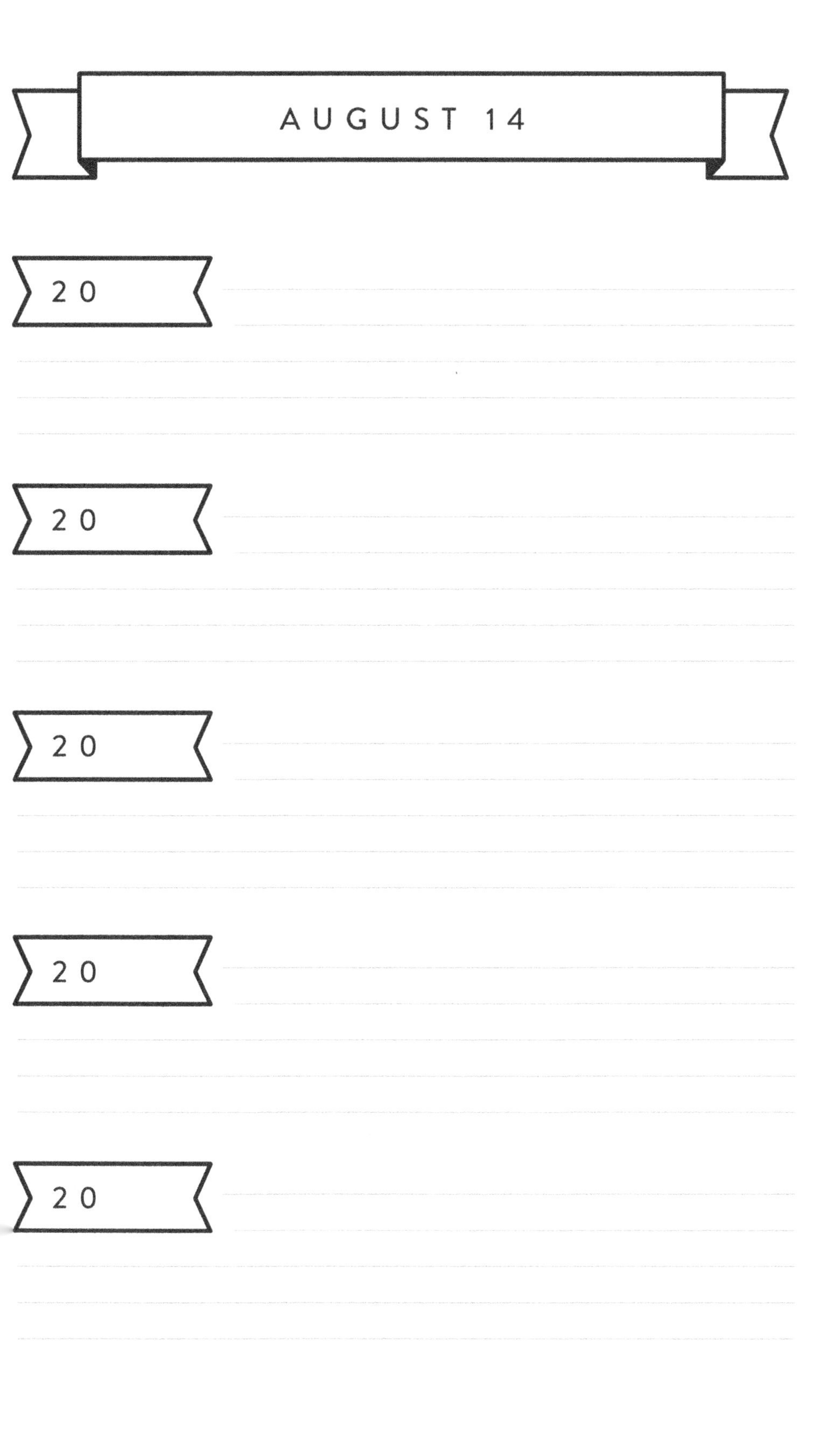
AUGUST 14
20
20
20
20
20

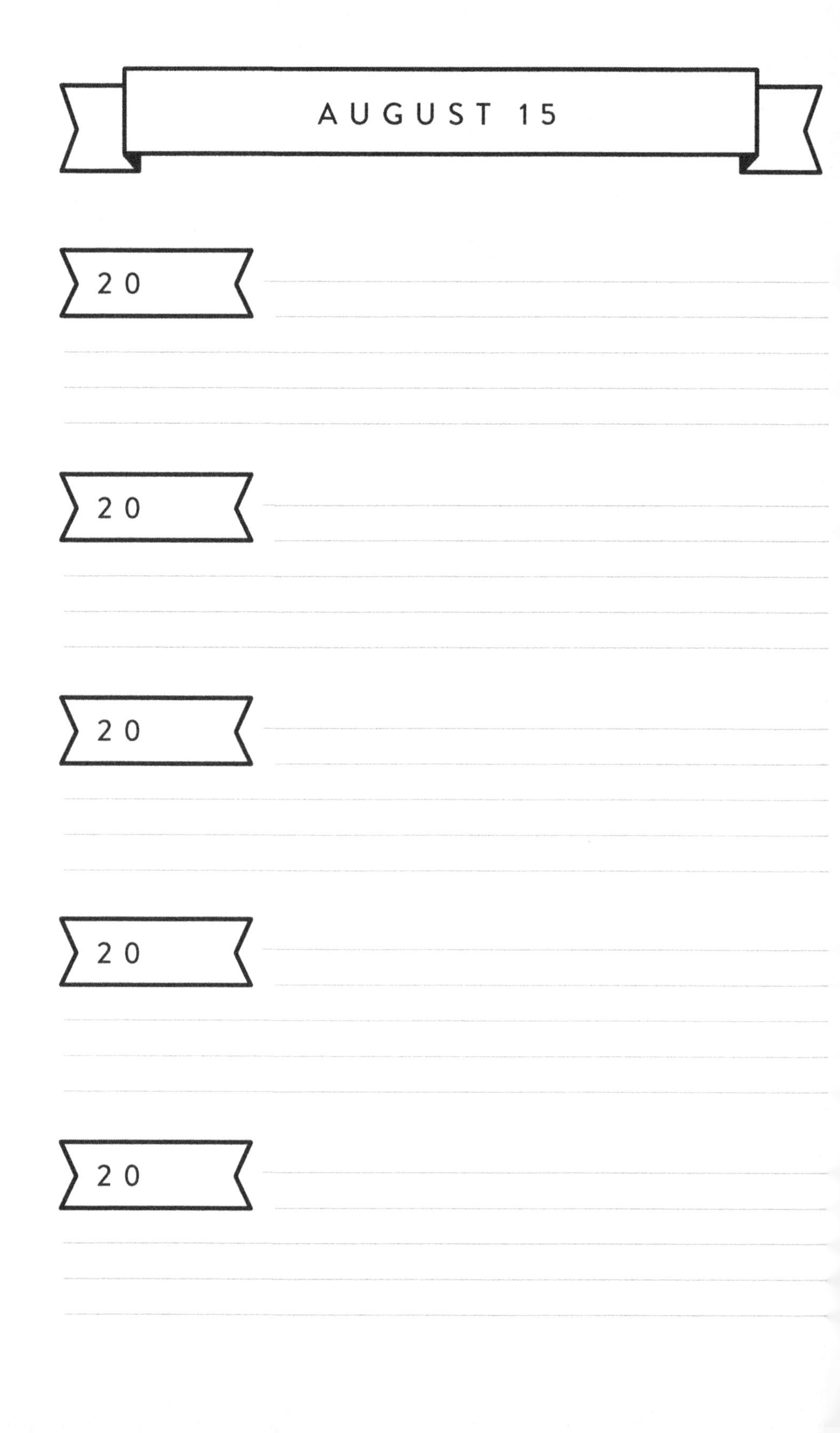
AUGUST 15
20
20
20
20
20

AUGUST 16

20

20

20

20

AUGUST 17
20
20
20
20
20

AUGUST 18

20

20

20

20

20

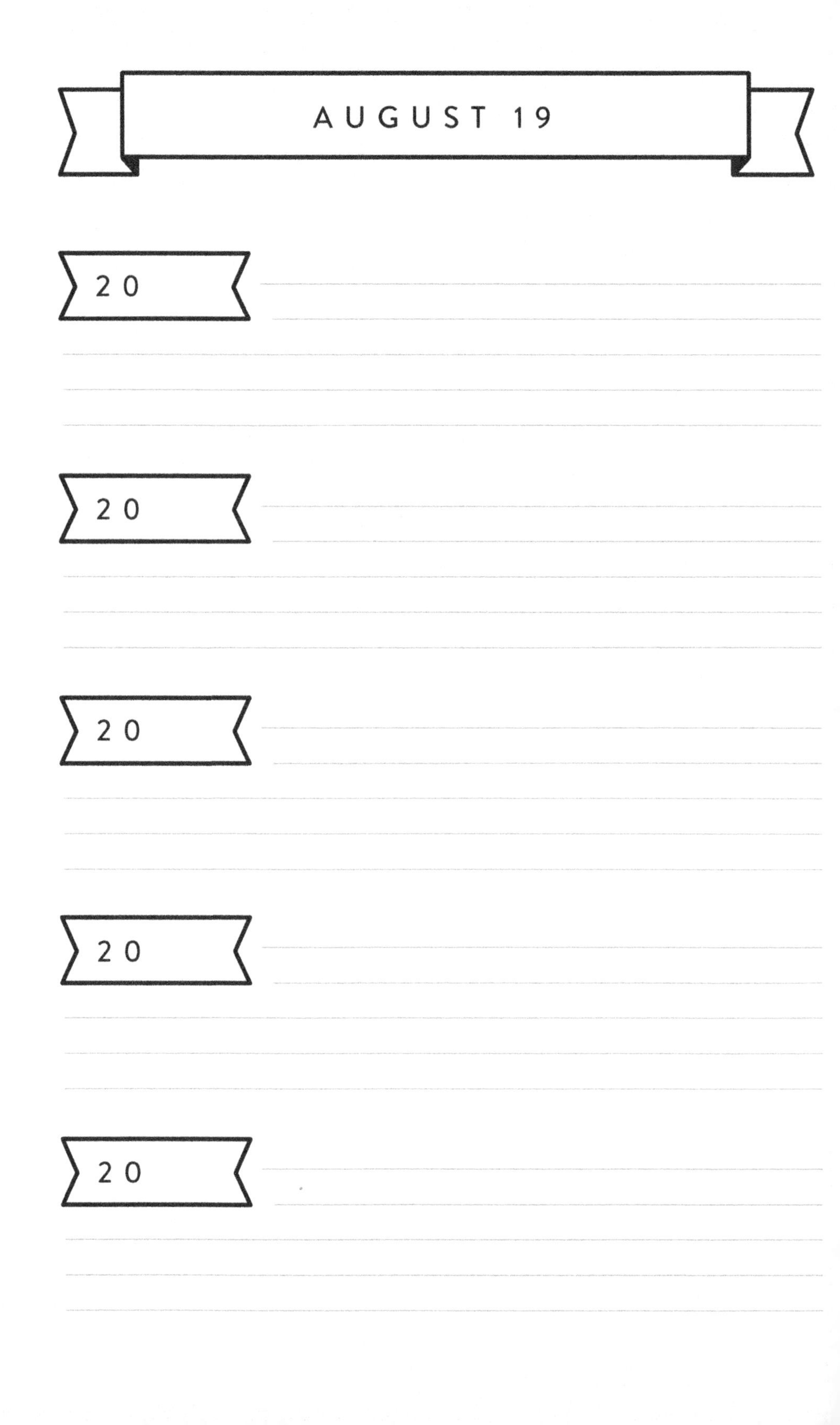
AUGUST 19
20
20
20
20
20

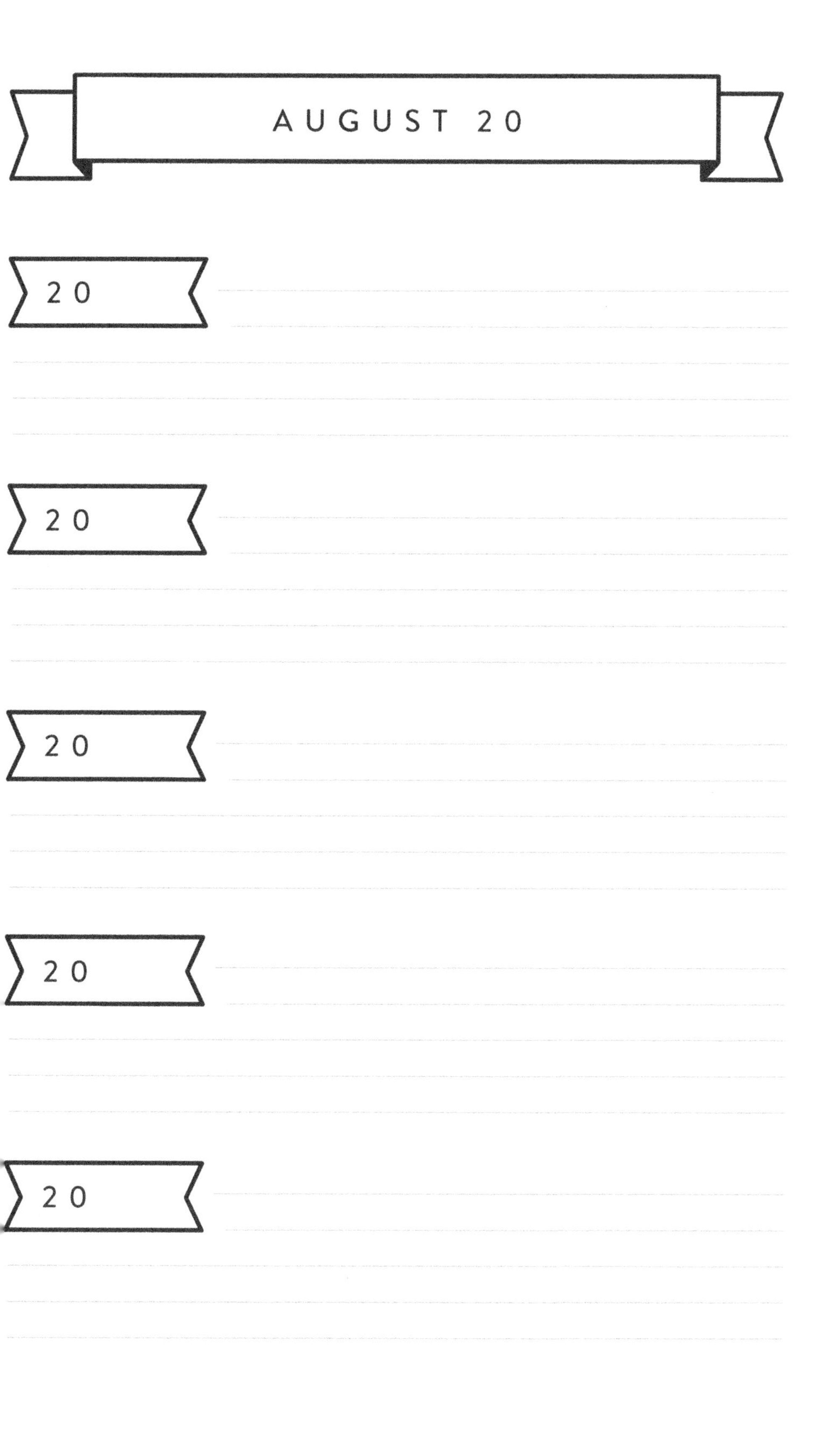
AUGUST 20
20
20
20
20
20

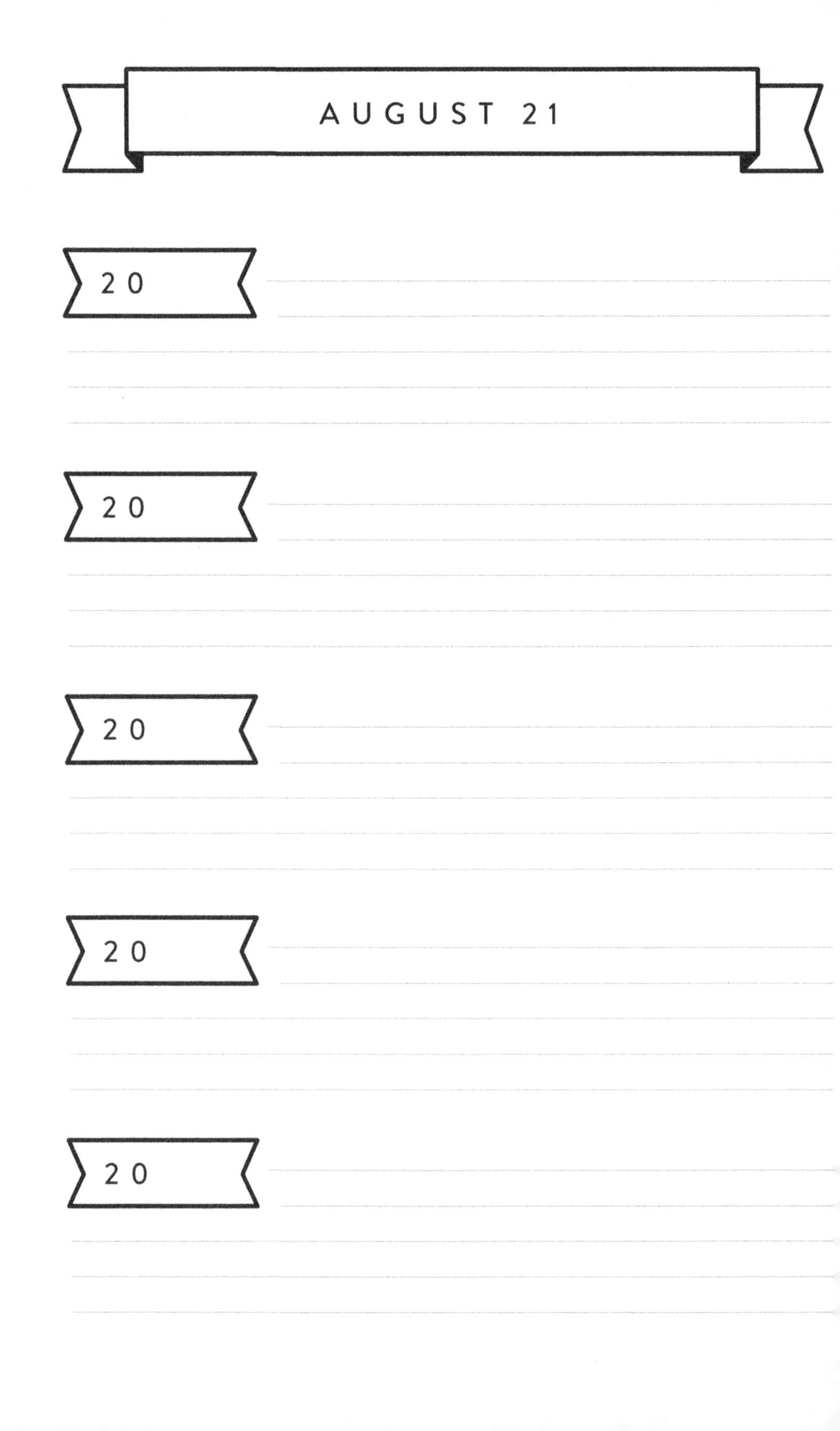
AUGUST 21
20
20
20
20
20

AUGUST 22

20

20

20

20

20

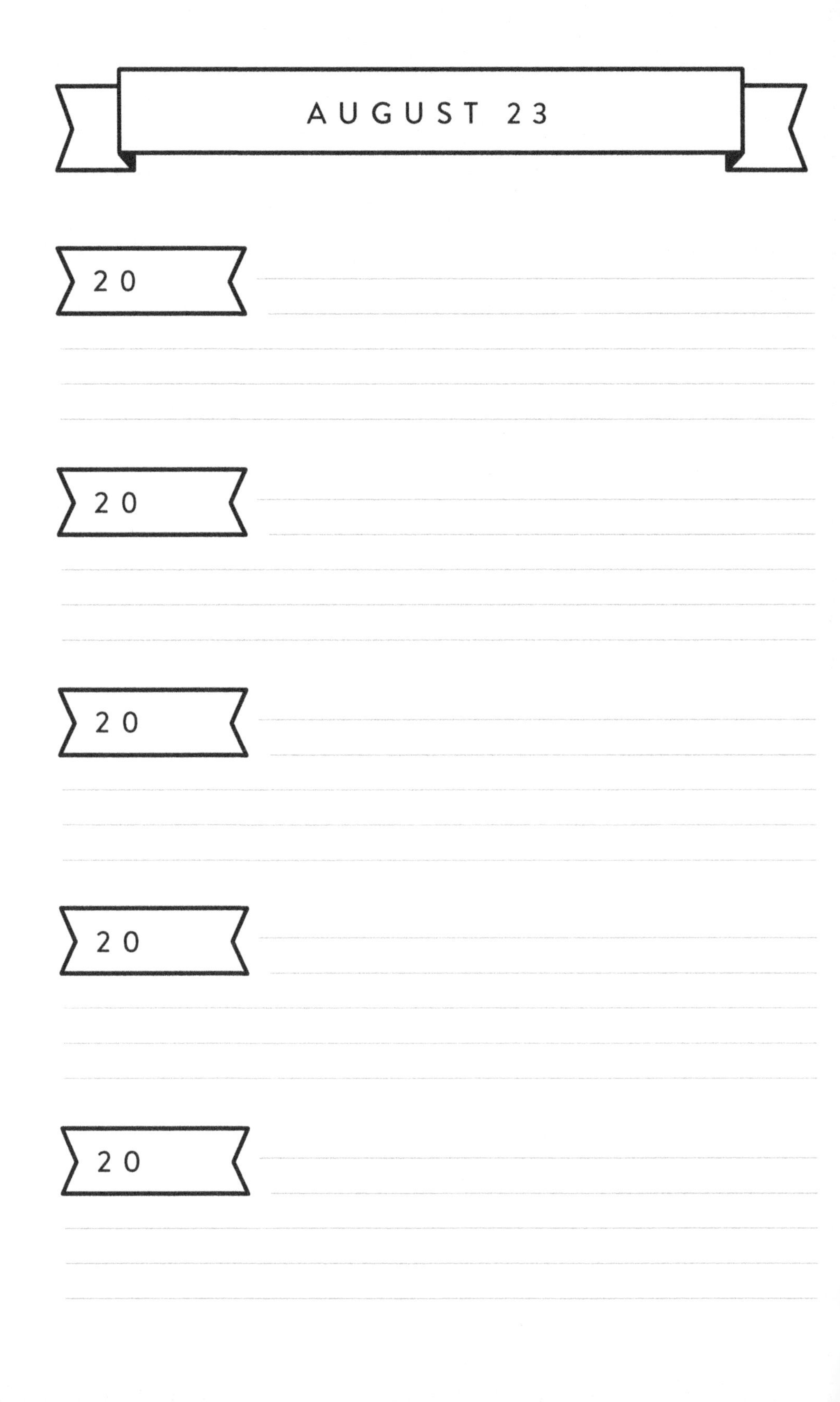
AUGUST 23
20
20
20
20
20

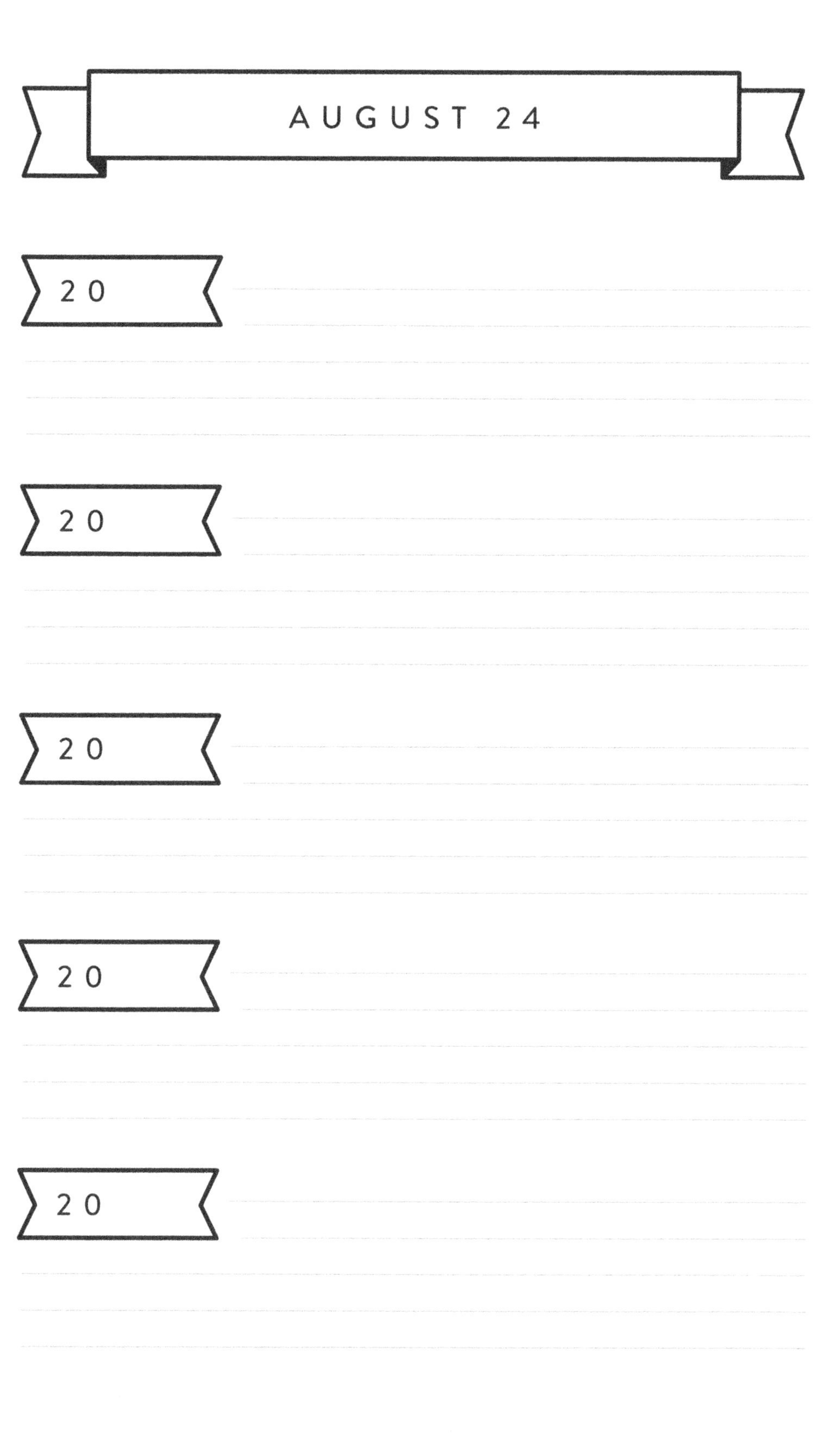
AUGUST 24
20
20
20
20
20

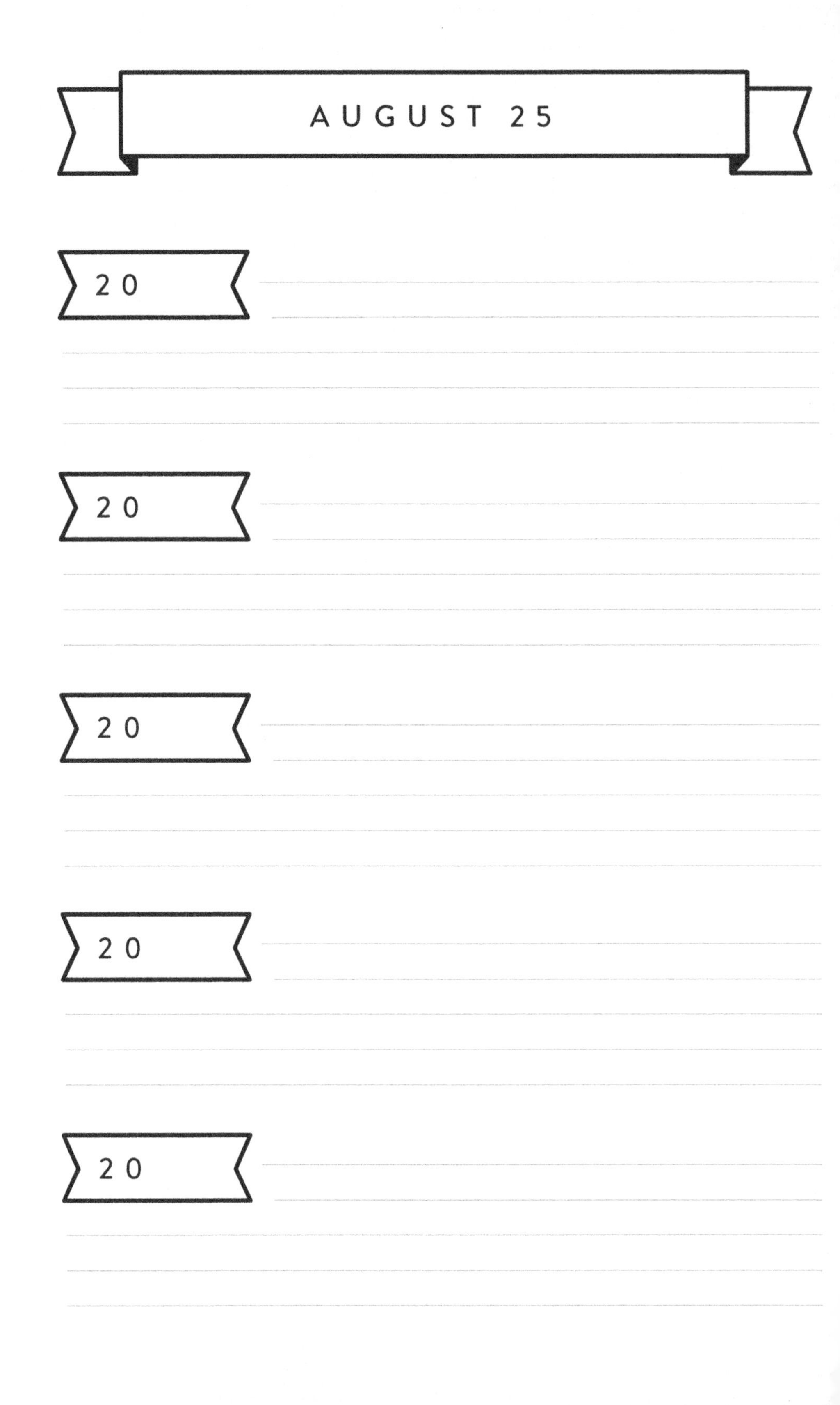
AUGUST 25
20
20
20
20
20

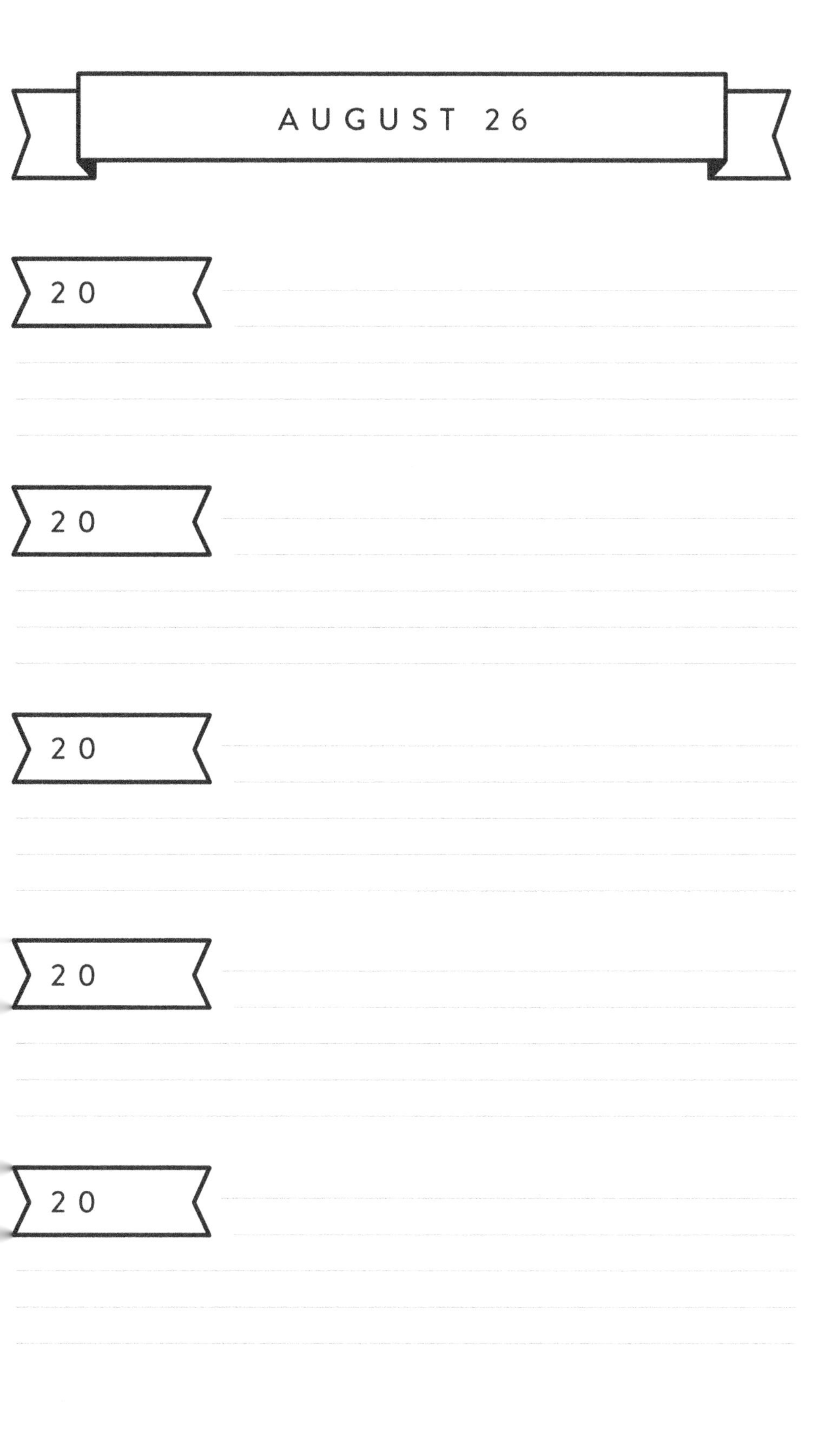
AUGUST 26
20
20
20
20
20

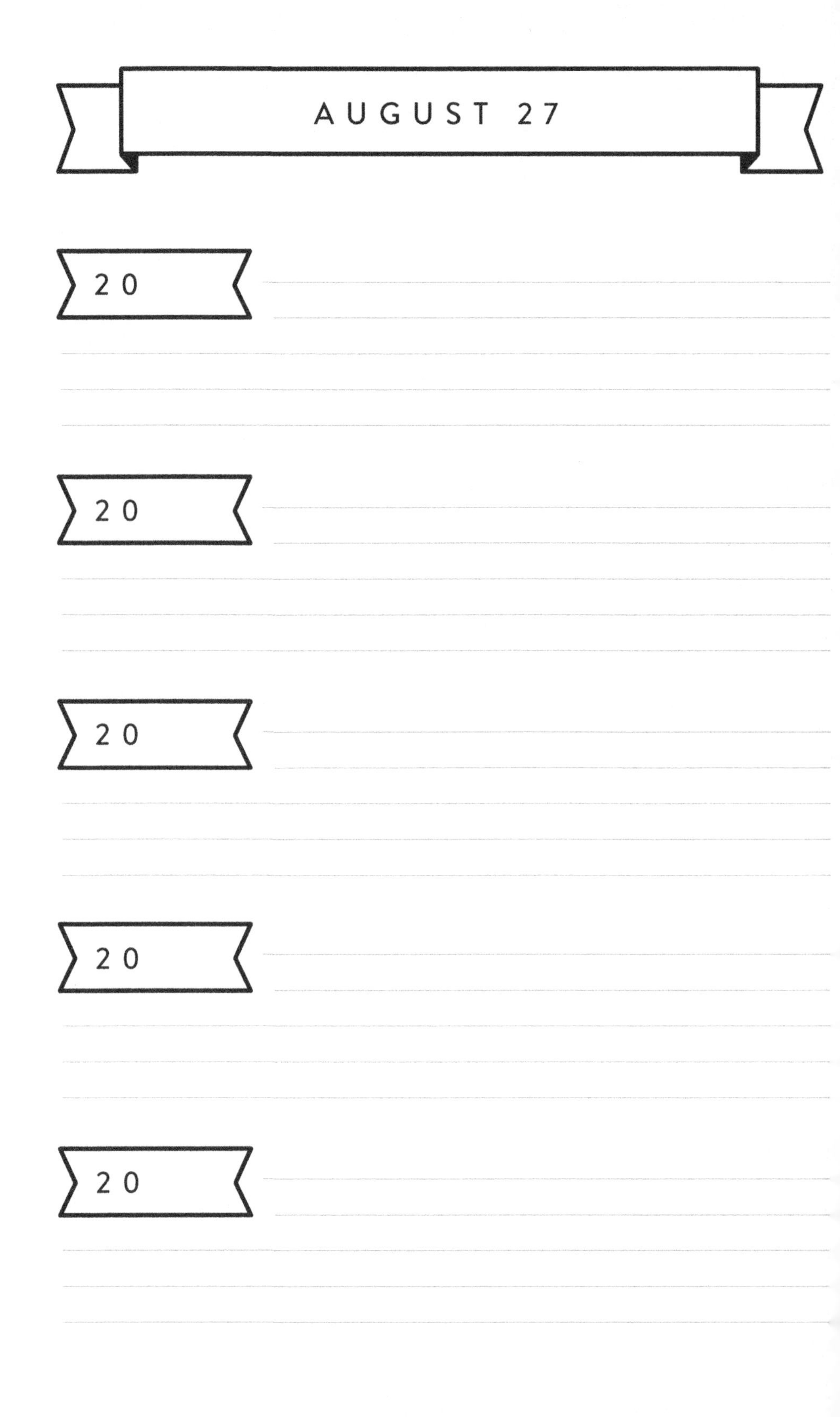
AUGUST 27
20
20
20
20
20

AUGUST 28

20

20

20

20

20

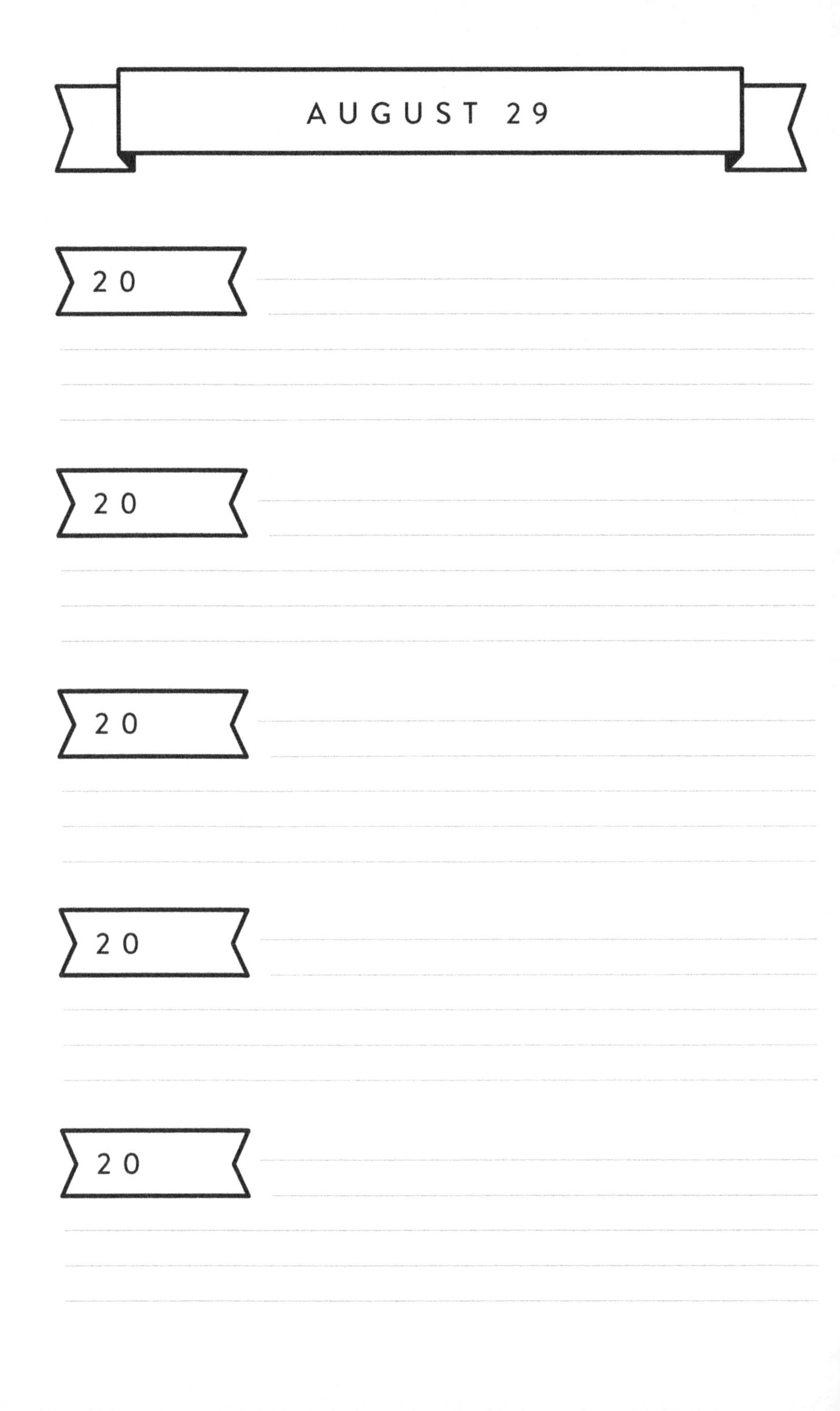
AUGUST 29
20
20
20
20
20

AUGUST 30

20

20

20

20

20

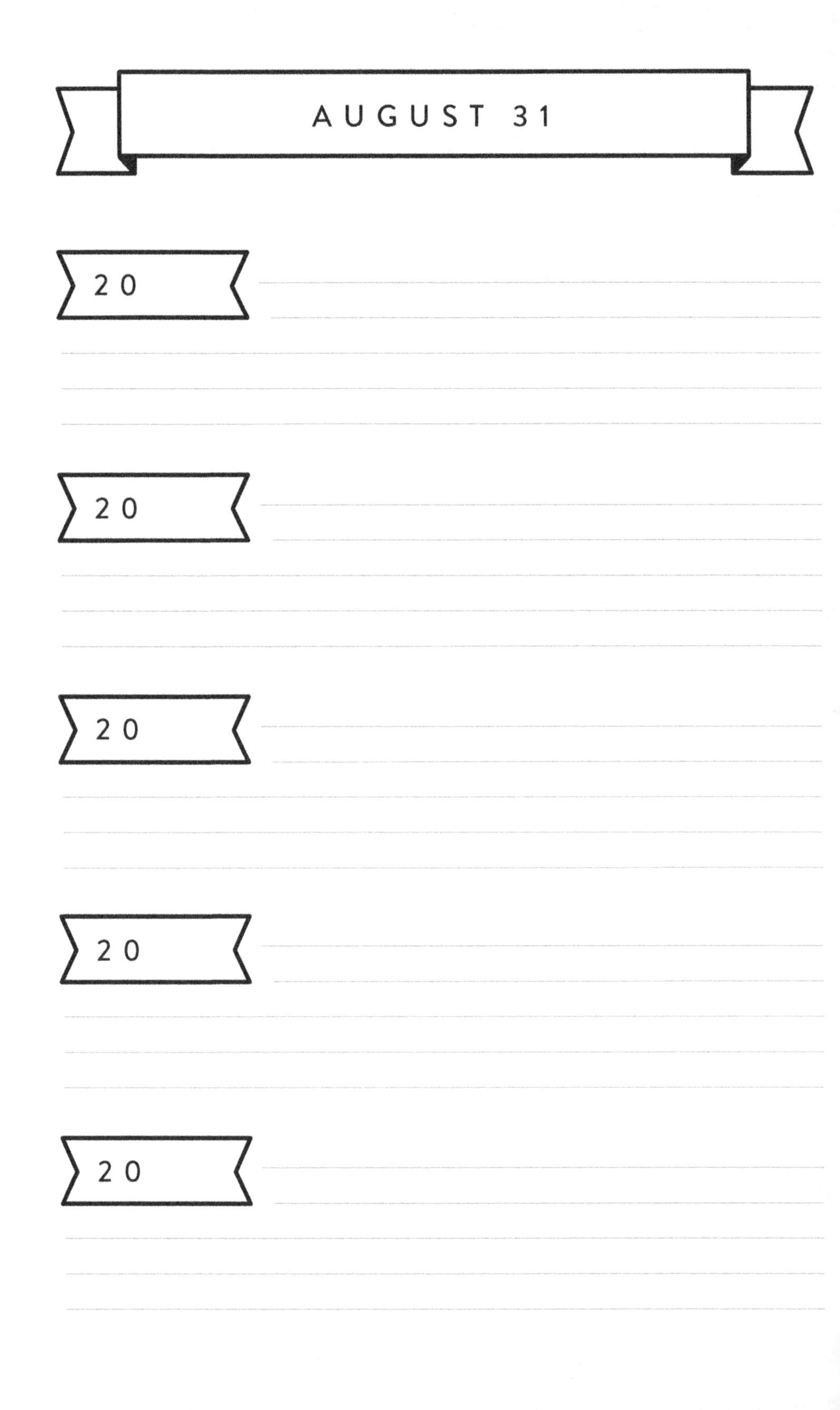
AUGUST 31
20
20
20
20
20

SEPTEMBER 1

20

20

20

20

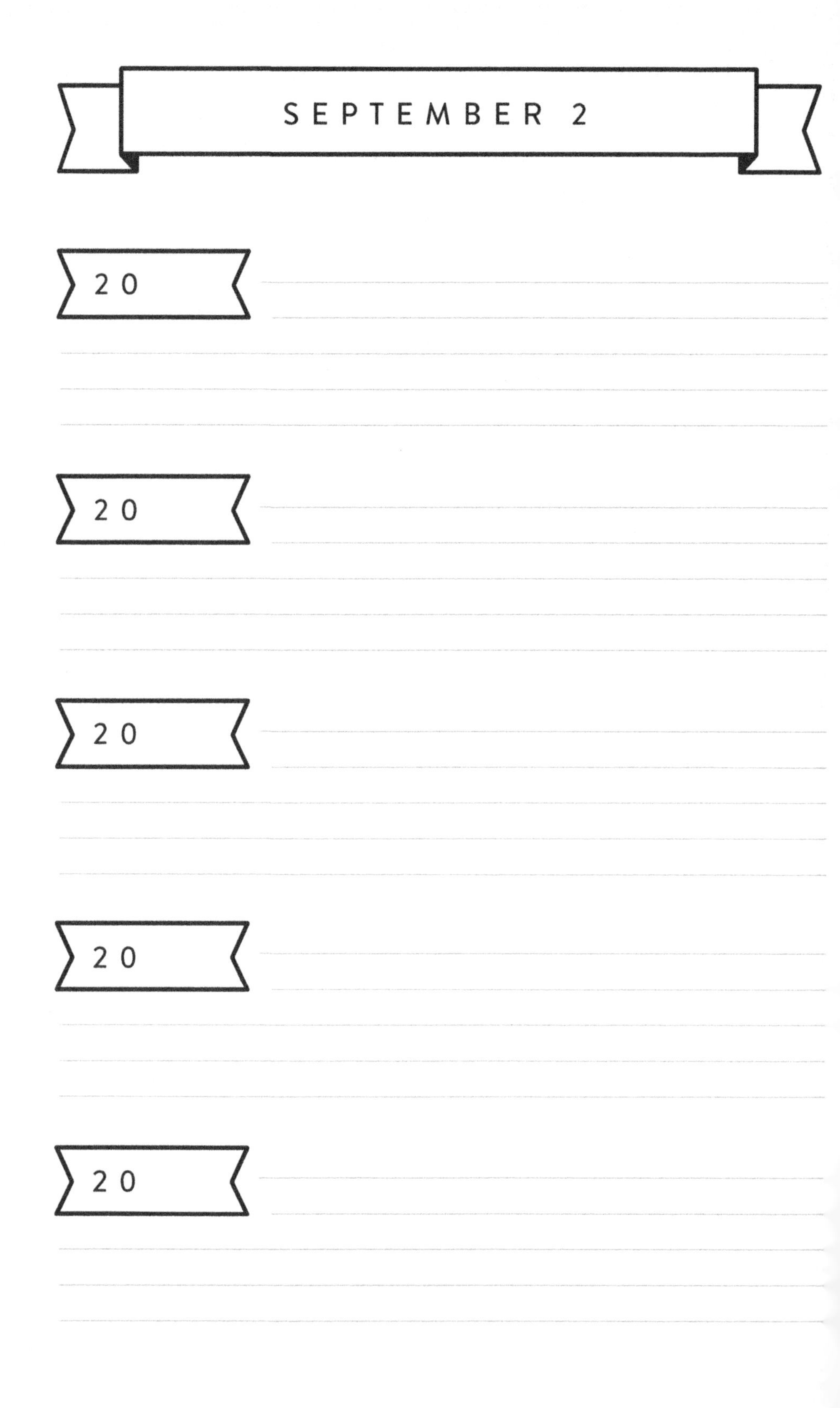
SEPTEMBER 2
20
20
20
20
20

SEPTEMBER 3

20

20

20

20

20

SEPTEMBER 4

20

20

20

20

20

SEPTEMBER 5

20

20

20

20

20

SEPTEMBER 6

20

20

20

20

20

SEPTEMBER 7

20

20

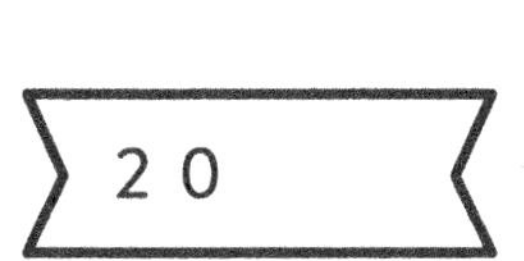

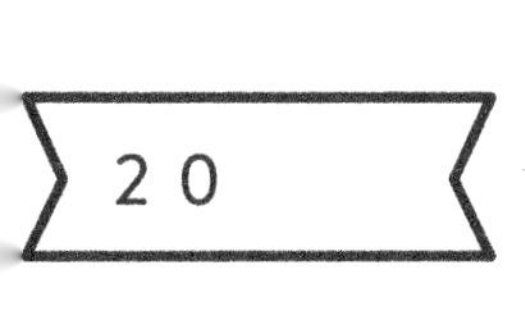

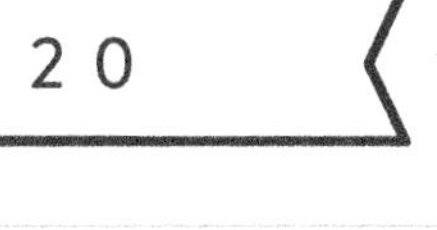

SEPTEMBER 8
20
20
20
20
20

SEPTEMBER 9

20

20

20

20

20

SEPTEMBER 10

20

20

20

20

20

SEPTEMBER 11

20

20

20

20

20

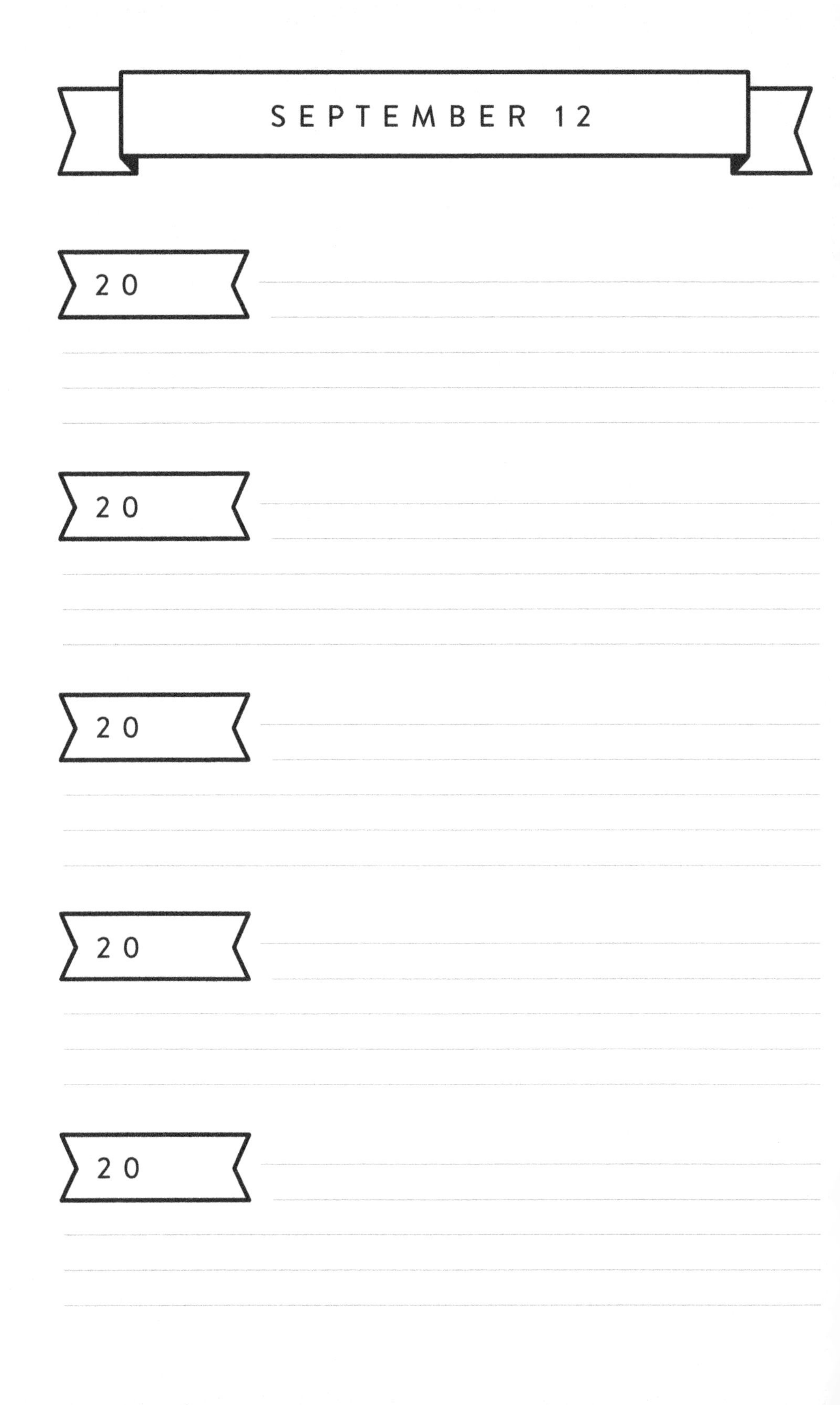
SEPTEMBER 12
20
20
20
20
20

SEPTEMBER 13

20

20

20

20

20

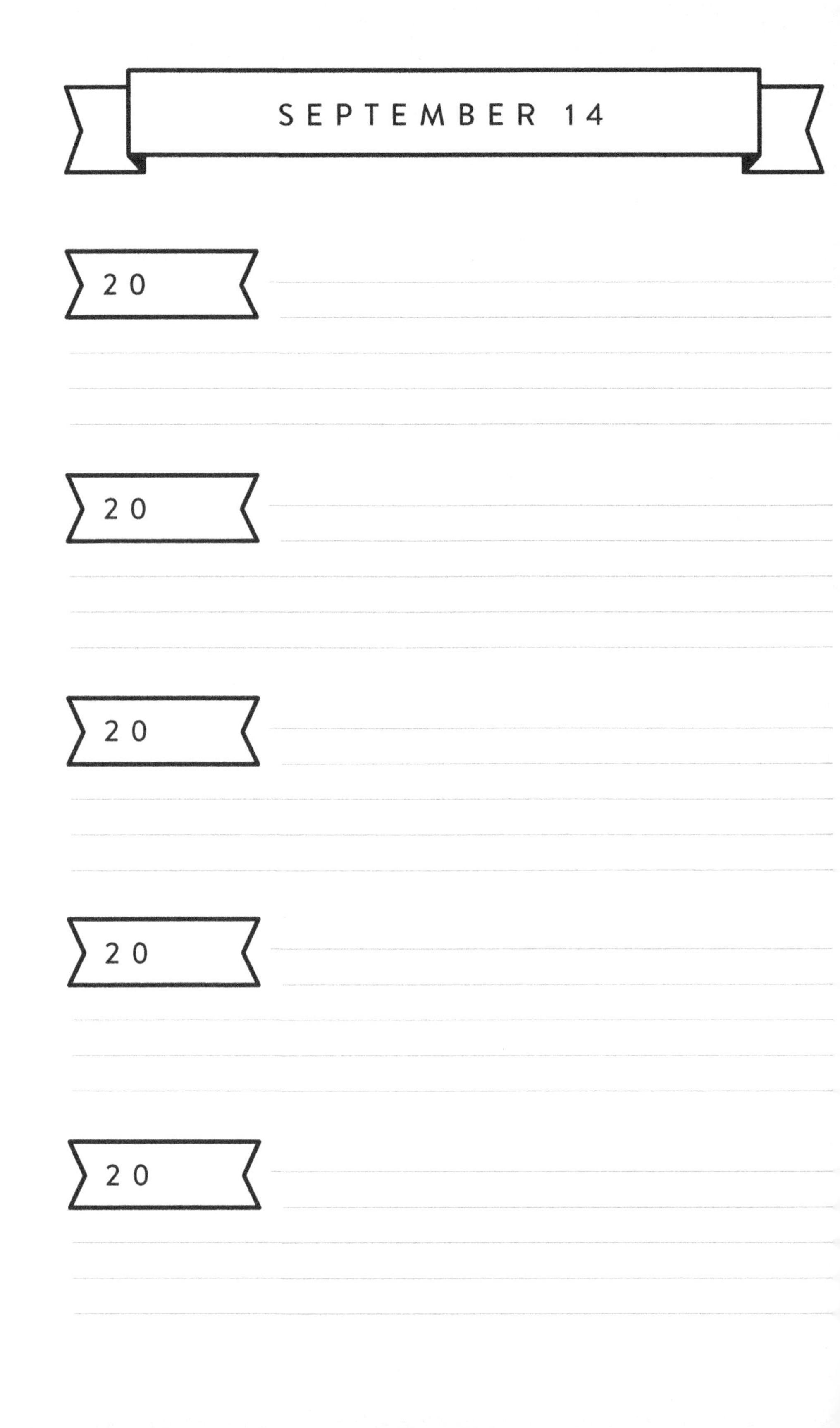
SEPTEMBER 14
20
20
20
20
20

SEPTEMBER 15

20

20

20

20

20

SEPTEMBER 16

20

20

20

20

20

SEPTEMBER 17

20

20

20

20

20

SEPTEMBER 18

20

20

20

20

20

SEPTEMBER 19

20

20

20

20

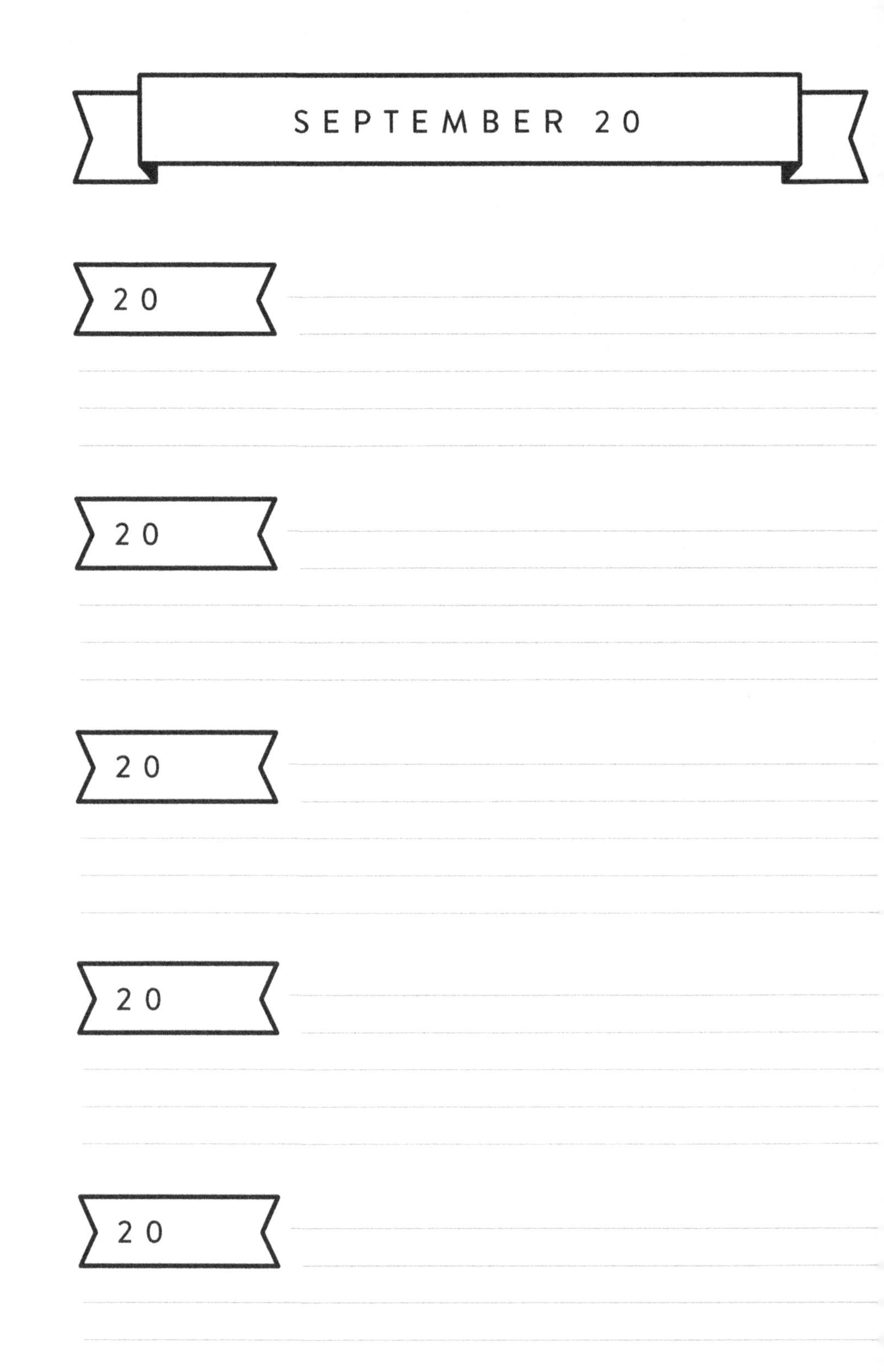
SEPTEMBER 20
20
20
20
20
20

SEPTEMBER 21

20

20

20

20

20

SEPTEMBER 22

20

20

20

20

20

SEPTEMBER 23

20

20

20

20

20

SEPTEMBER 24
20
20
20
20
20

SEPTEMBER 25

20

20

20

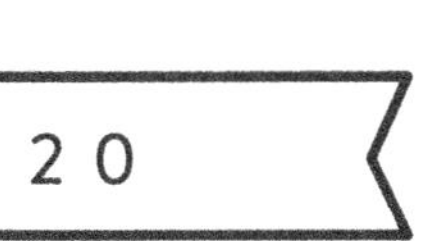

SEPTEMBER 26
20
20
20
20
20

SEPTEMBER 27

20

20

20

20

SEPTEMBER 28

20

20

20

20

20

SEPTEMBER 29

20

20

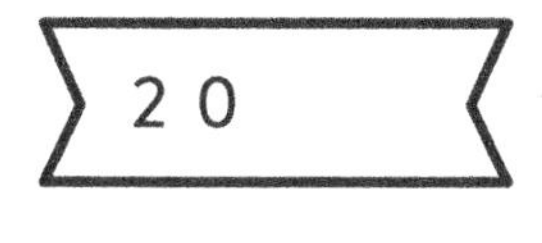

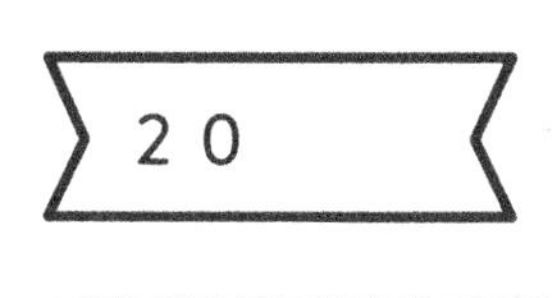

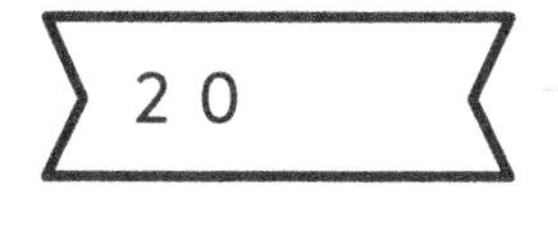

SEPTEMBER 30

20

20

20

20

20

OCTOBER 1

20

20

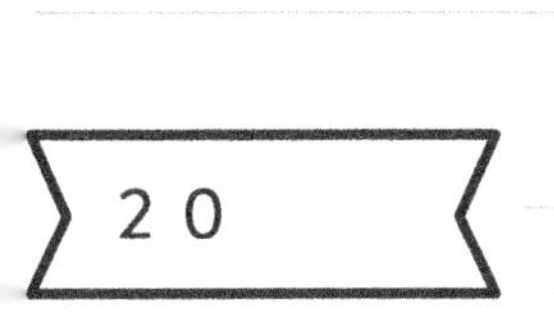

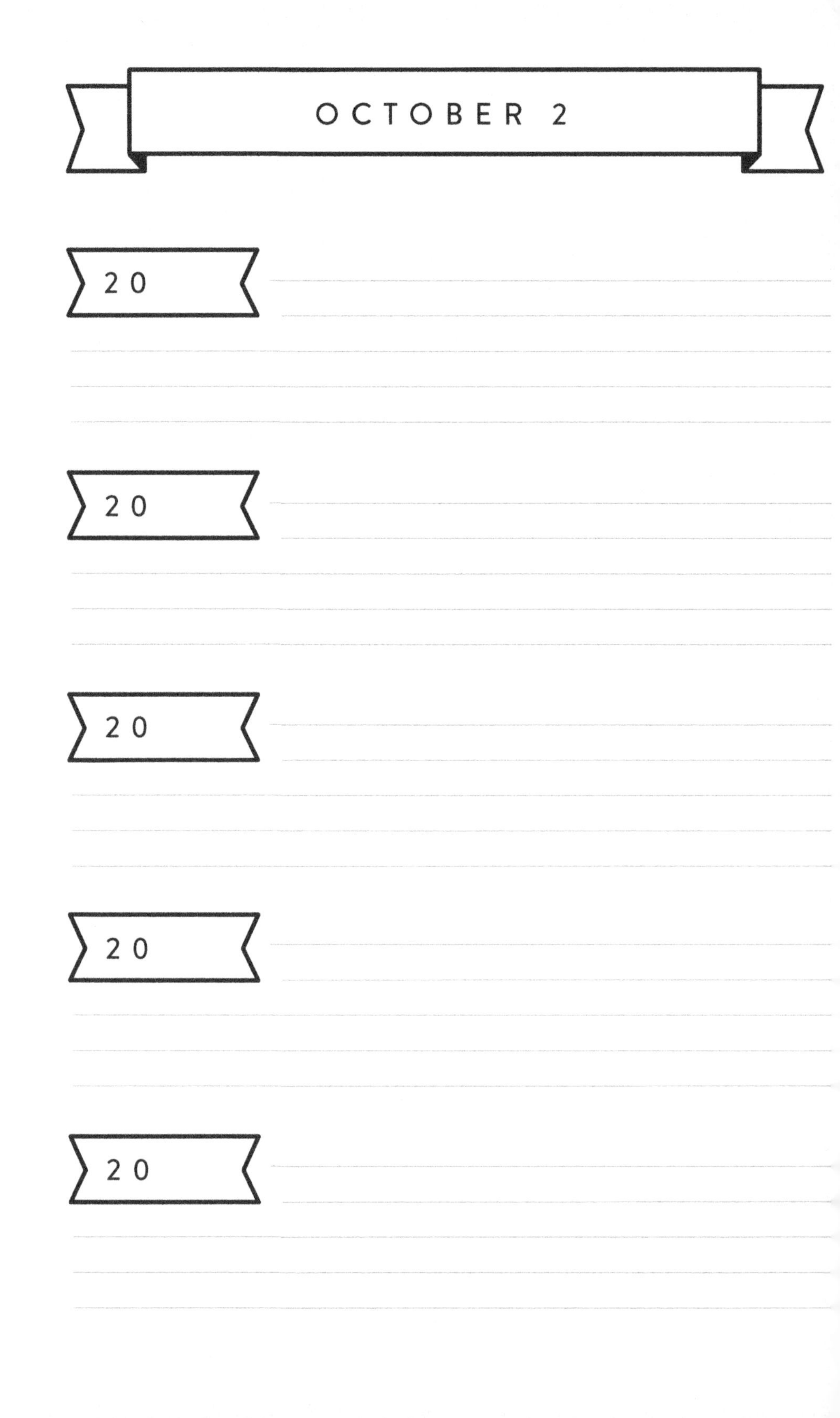
OCTOBER 2
20
20
20
20
20

OCTOBER 3

20

20

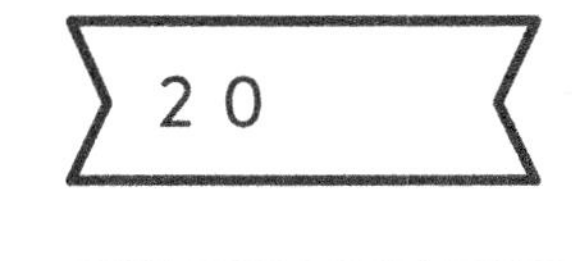

OCTOBER 4

20

20

20

20

20

OCTOBER 5

20

20

20

20

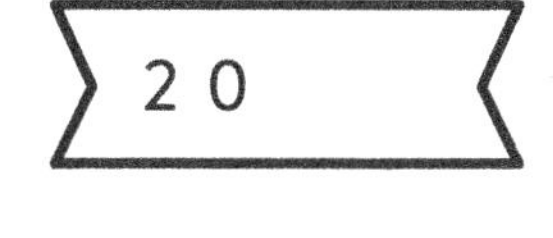

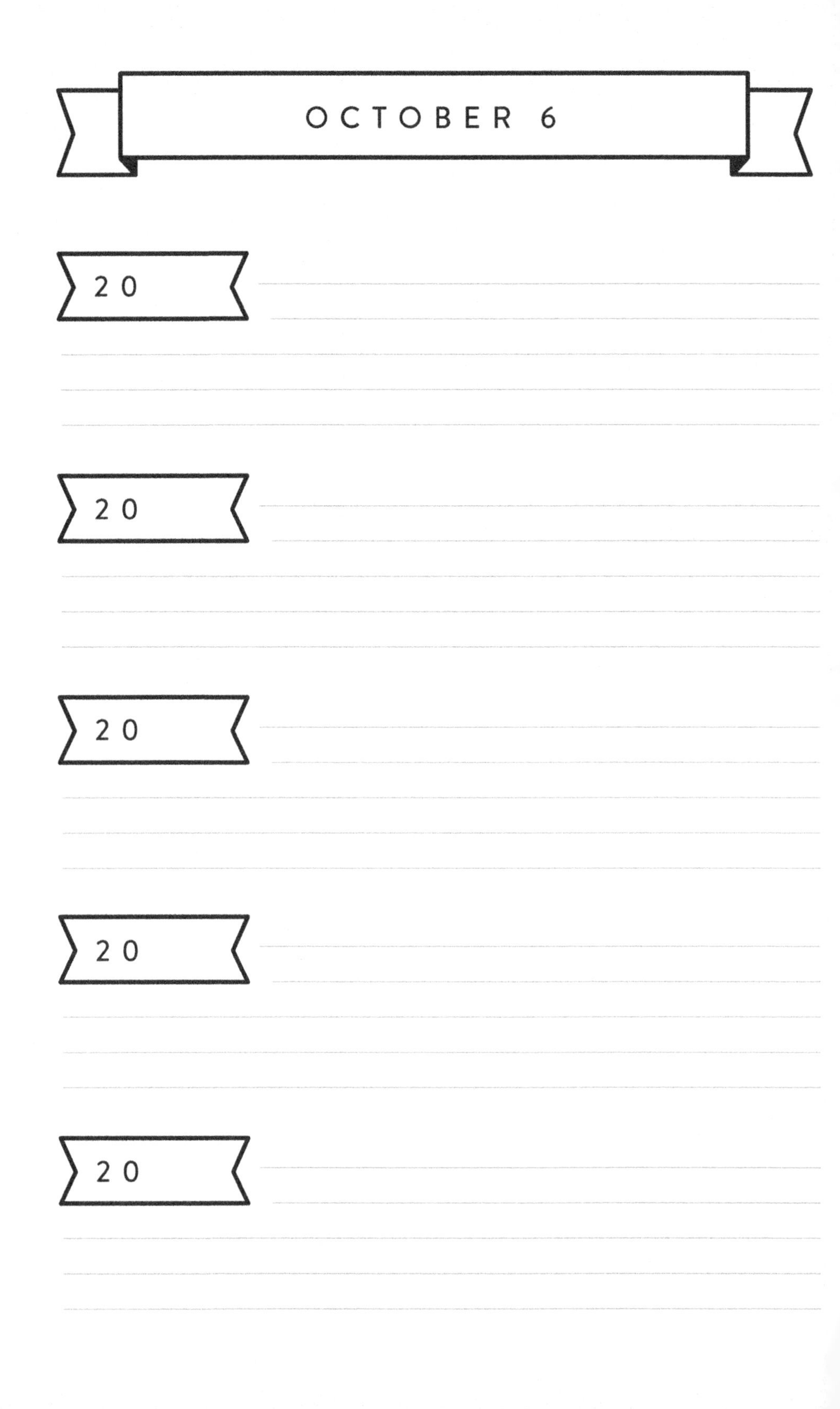
OCTOBER 6
20
20
20
20
20

OCTOBER 7

20

20

20

20

20

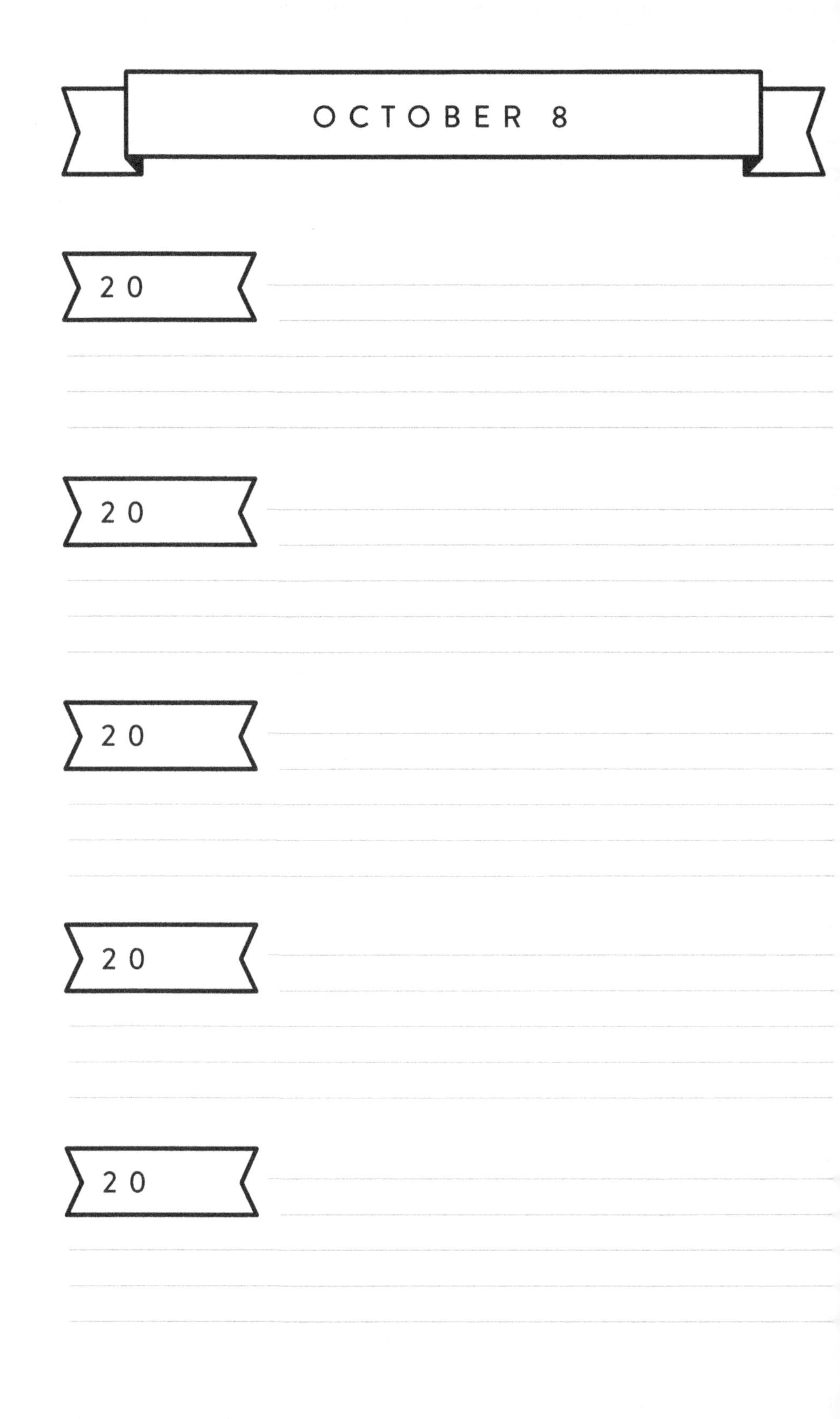
OCTOBER 8
20
20
20
20
20

OCTOBER 9

20

20

20

20

20

OCTOBER 10

20

20

20

20

20

OCTOBER 11

20

20

20

20

20

OCTOBER 12
20
20
20
20
20

OCTOBER 13

20

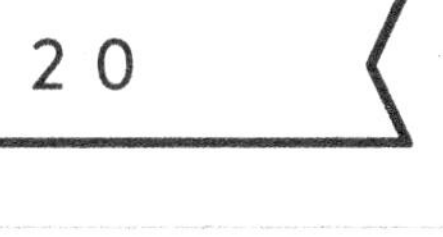

OCTOBER 14
20
20
20
20
20

OCTOBER 15

20

20

20

20

20

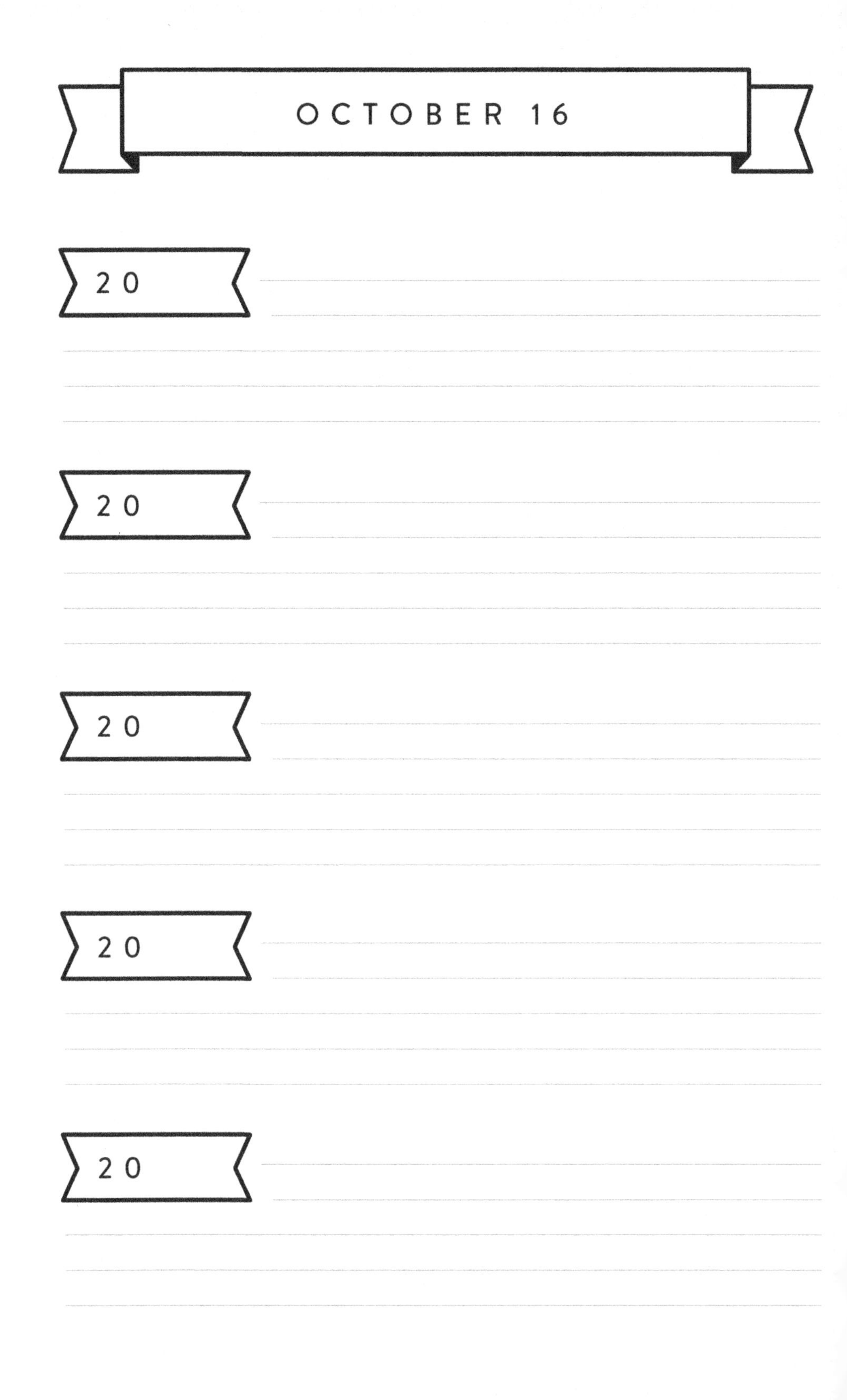
OCTOBER 16
20
20
20
20
20

OCTOBER 17

20

20

20

20

20

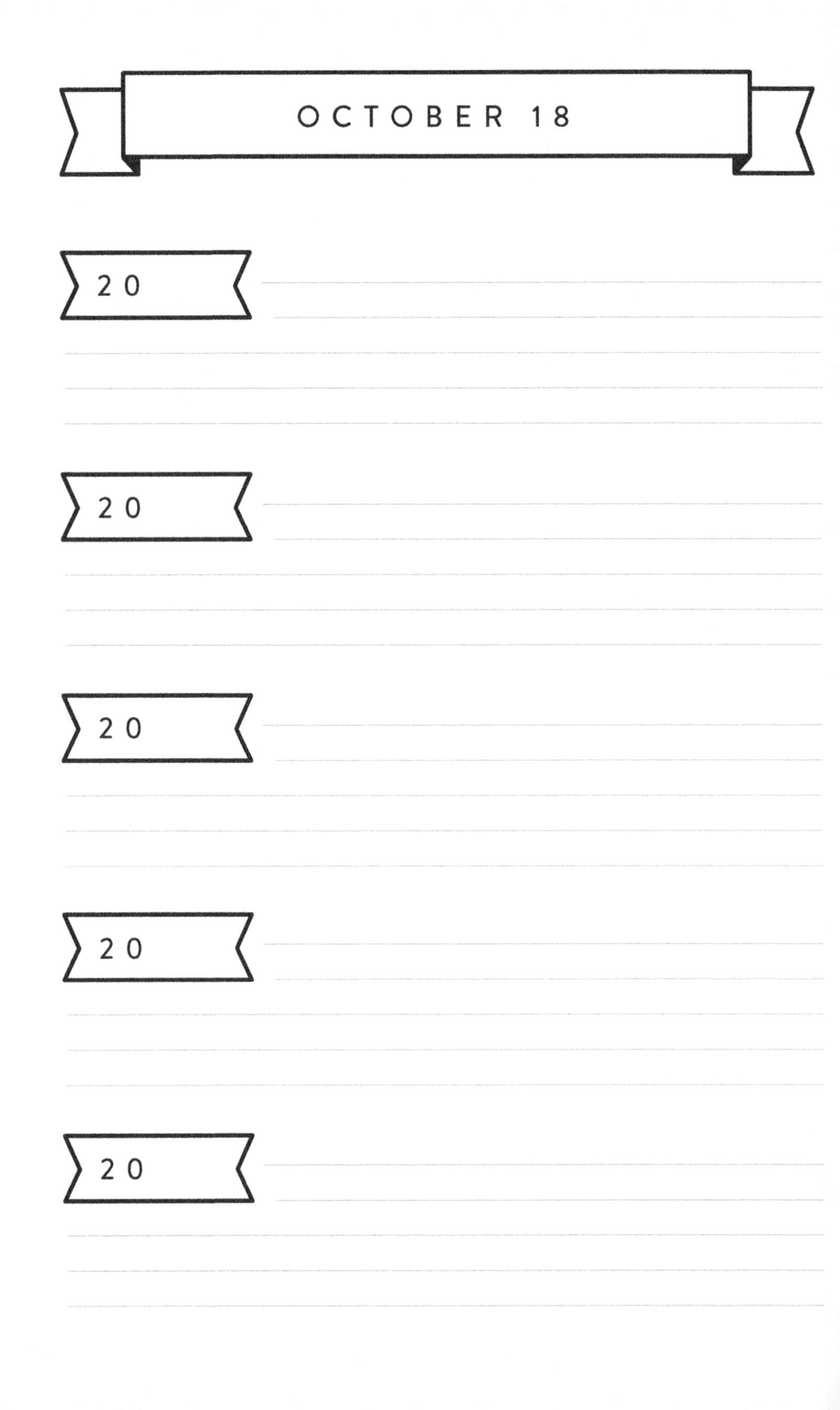
OCTOBER 18
20
20
20
20
20

OCTOBER 19

20

20

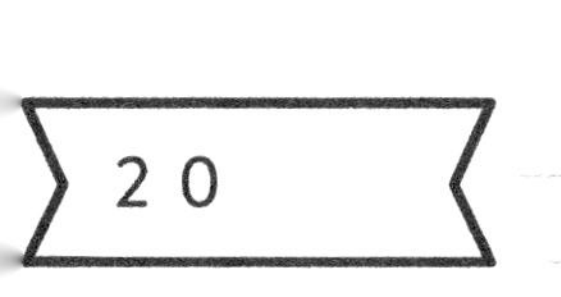

20

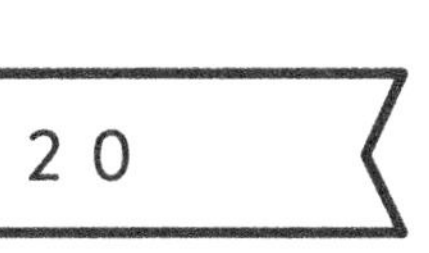

20

20

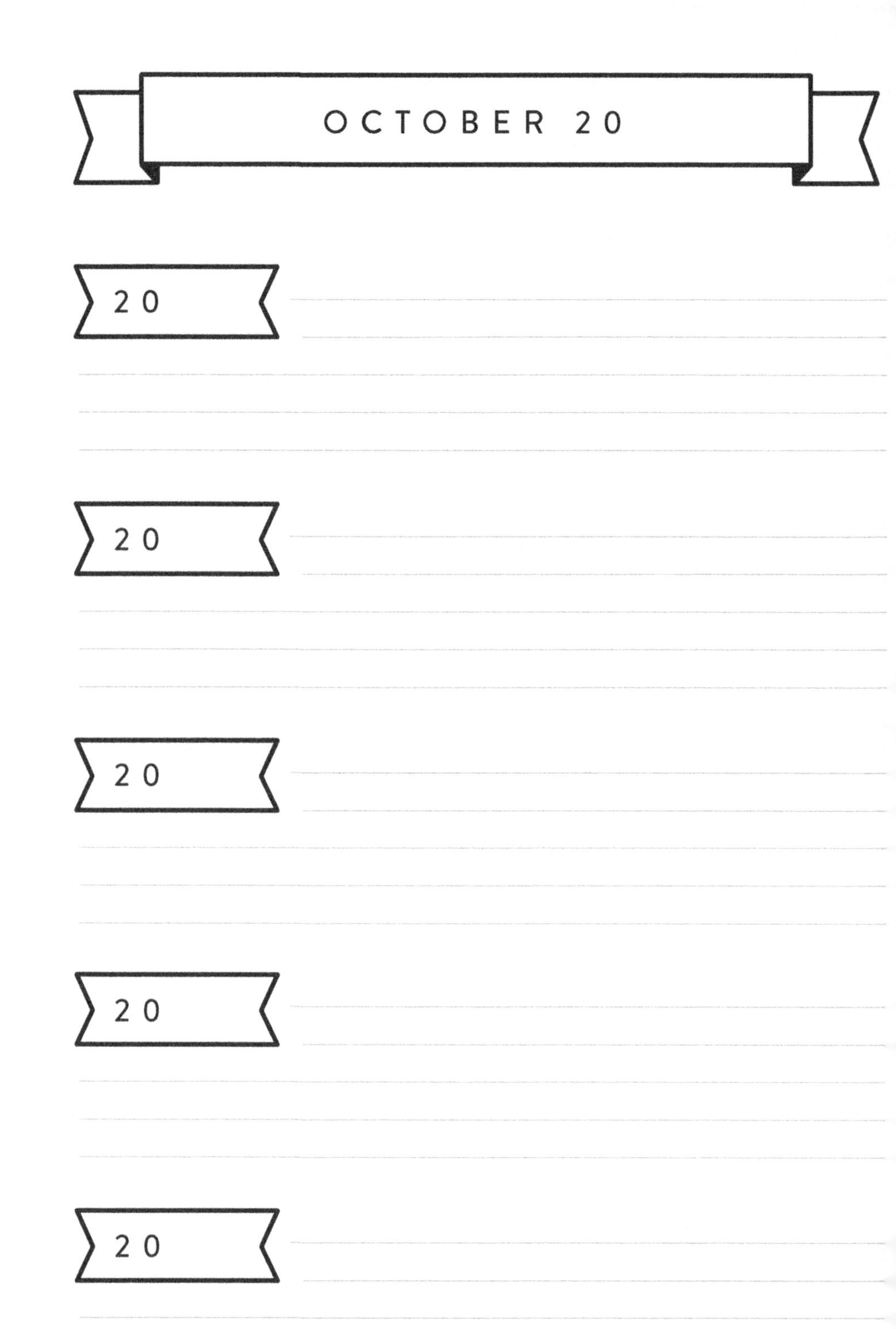
OCTOBER 20
20
20
20
20
20

OCTOBER 21

20

20

20

20

20

OCTOBER 22

20

20

20

20

20

OCTOBER 23

20

20

20

OCTOBER 24
20
20
20
20
20

OCTOBER 25

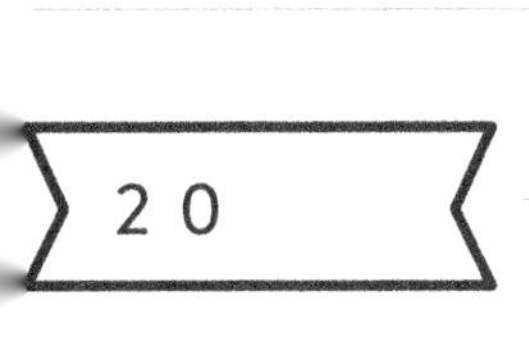

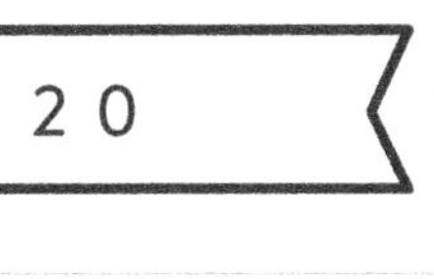

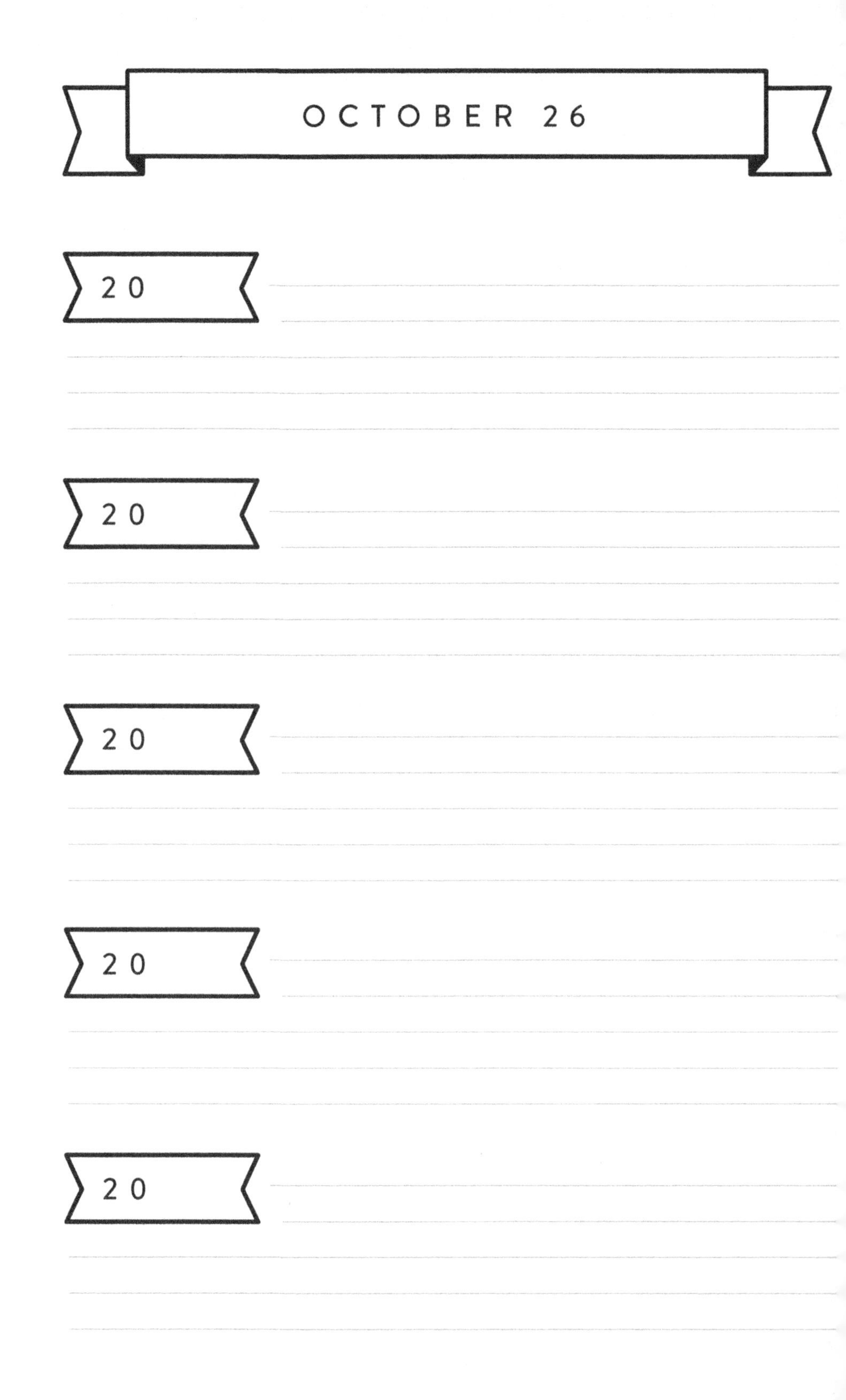
OCTOBER 26
20
20
20
20
20

OCTOBER 27

20

20

20

20

20

OCTOBER 28
20
20
20
20
20

OCTOBER 29

20

20

20

20

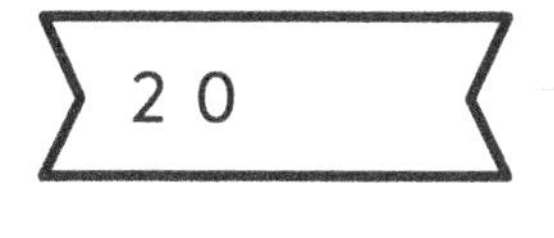

OCTOBER 30

20

20

20

20

20

OCTOBER 31

20

20

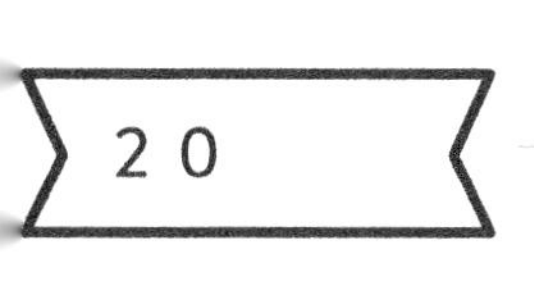

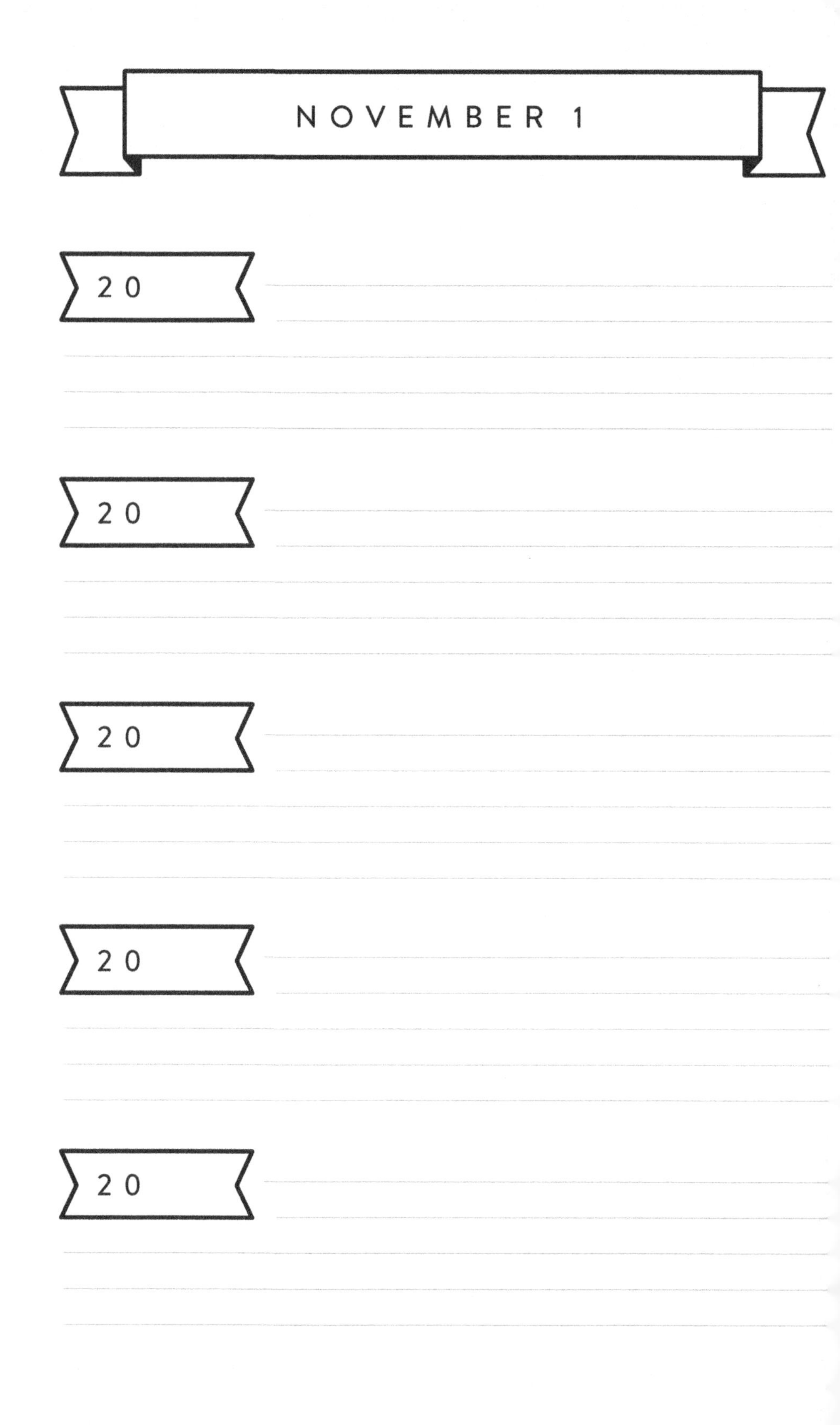
NOVEMBER 1
20
20
20
20
20

NOVEMBER 2

20

20

20

20

20

NOVEMBER 3

20

20

20

20

20

NOVEMBER 4

20

20

20

20

20

NOVEMBER 5

20

20

20

20

20

NOVEMBER 6

20

20

20

20

20

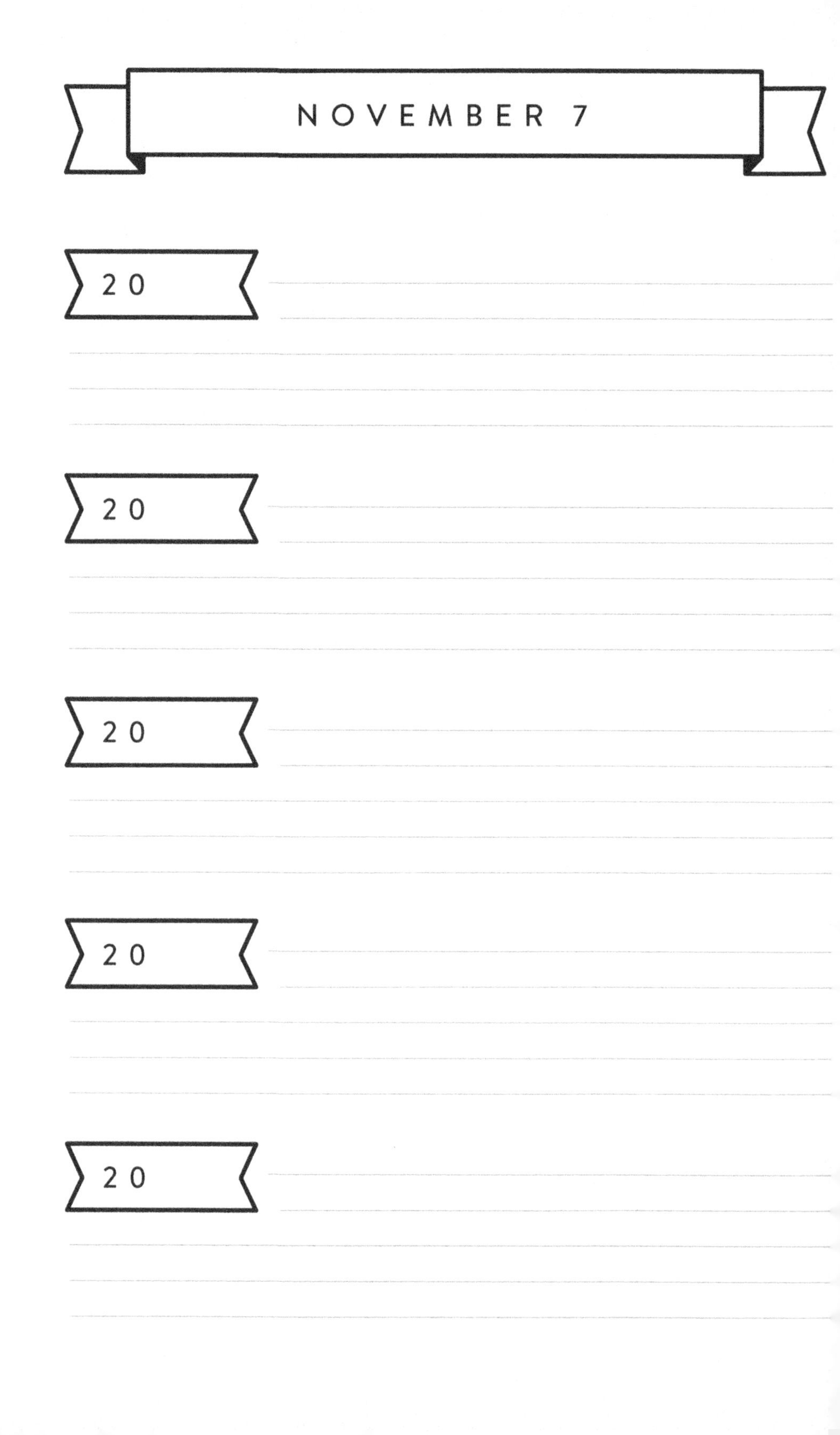
NOVEMBER 7
20
20
20
20
20

NOVEMBER 8

20

20

20

20

20

NOVEMBER 9

20

20

20

20

20

NOVEMBER 10

20

20

20

20

20

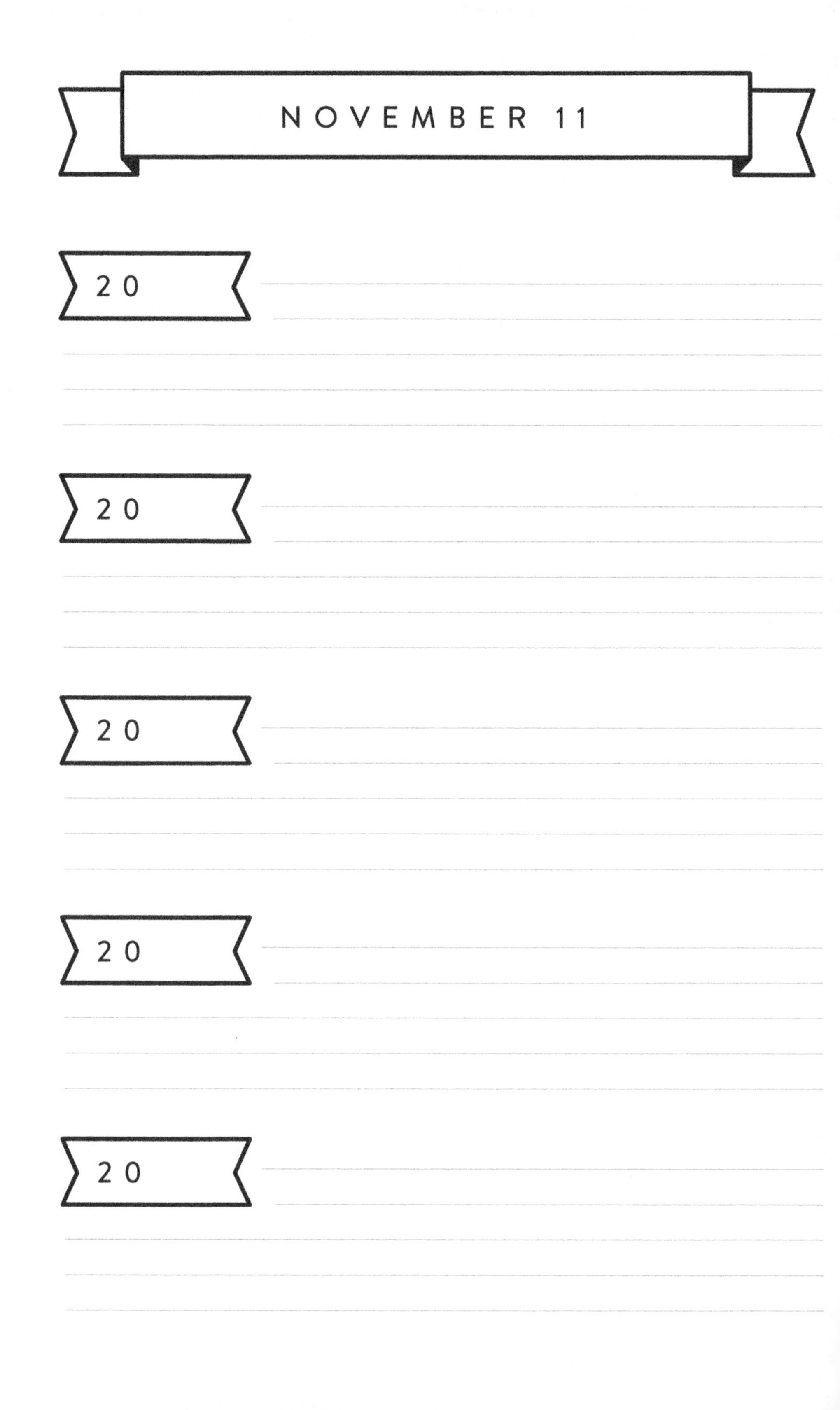
NOVEMBER 11
20
20
20
20
20

NOVEMBER 12

20

20

20

20

20

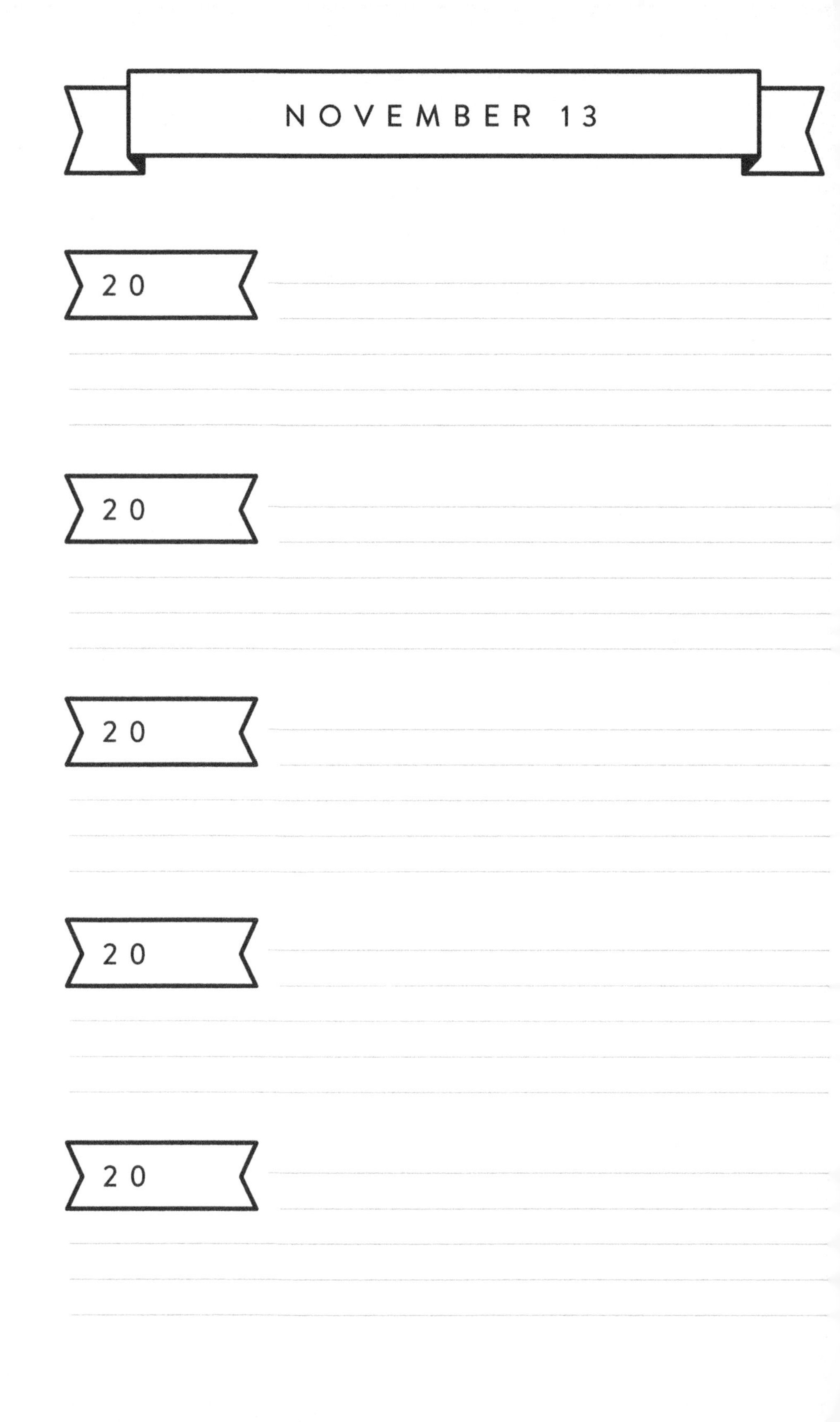
NOVEMBER 13
20
20
20
20
20

NOVEMBER 14

20

20

20

20

20

NOVEMBER 15

20

20

20

20

20

NOVEMBER 16

20

20

20

20

20

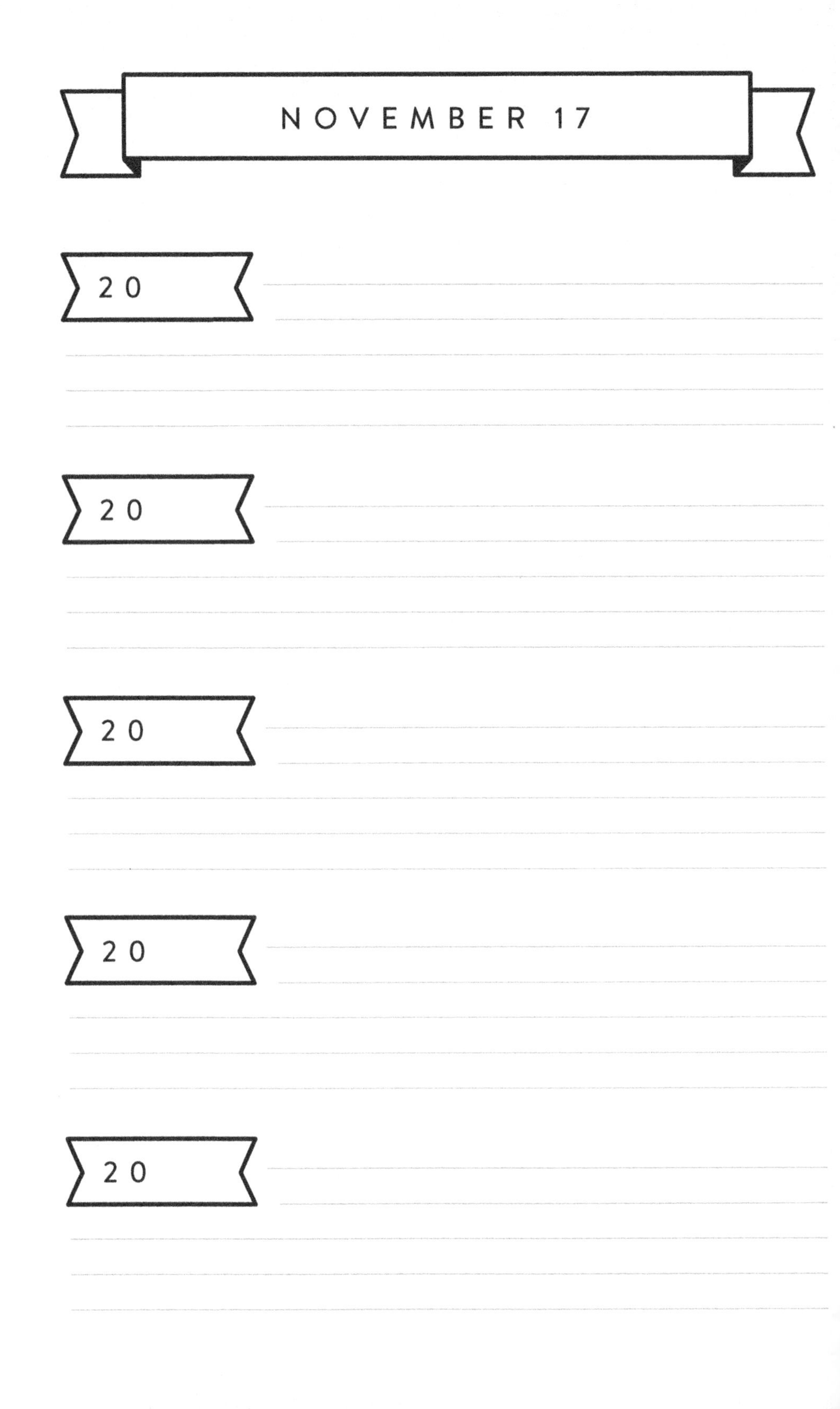
NOVEMBER 17
20
20
20
20
20

NOVEMBER 18

20

20

20

20

20

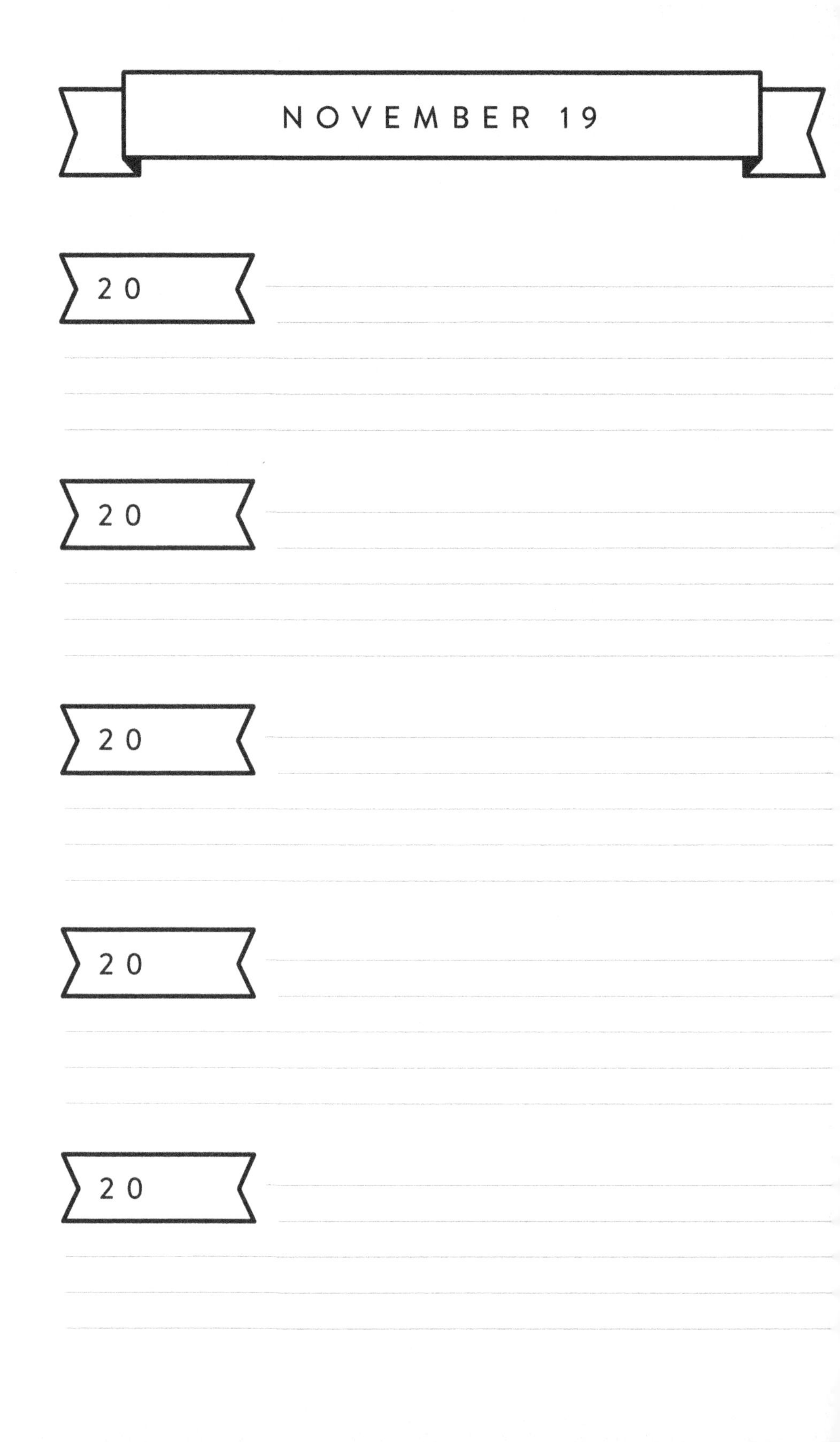
NOVEMBER 19
20
20
20
20
20

NOVEMBER 20

20

20

20

20

20

NOVEMBER 21

20

20

20

20

20

NOVEMBER 22

20

20

20

20

20

NOVEMBER 23

20

20

20

20

20

NOVEMBER 24

20

20

20

20

20

NOVEMBER 25

20

20

20

20

20

NOVEMBER 26

20

20

20

20

20

NOVEMBER 27

20

20

20

20

20

NOVEMBER 28

20

20

20

20

20

NOVEMBER 29

20

20

20

20

20

NOVEMBER 30

20

20

20

20

20

DECEMBER 1

20

20

20

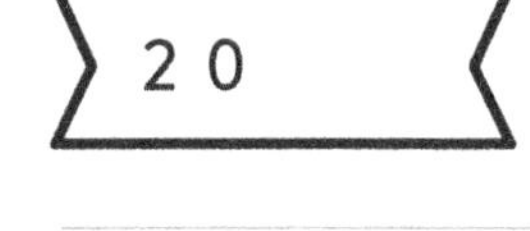

DECEMBER 2

20

20

20

20

20

DECEMBER 3

20

20

DECEMBER 4

20

20

20

20

20

DECEMBER 5

20

20

20

20

20

DECEMBER 6

20

20

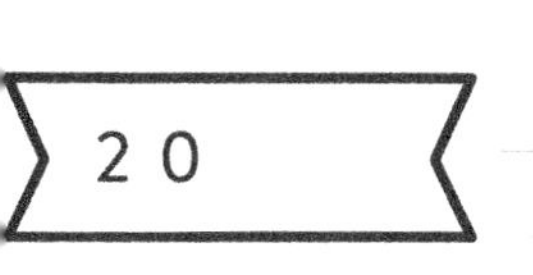

20

20

20

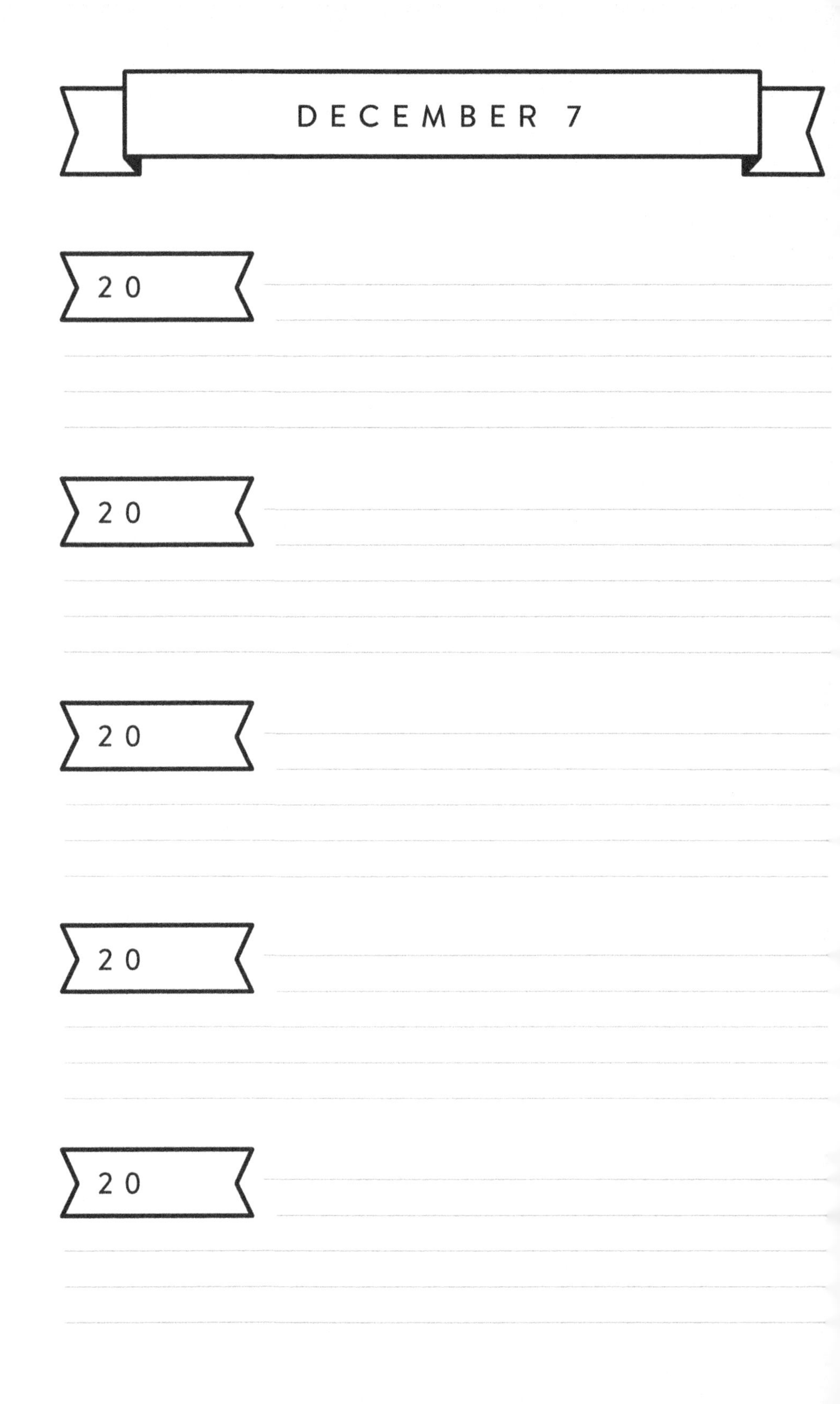
DECEMBER 7
20
20
20
20
20

DECEMBER 8

20

20

20

20

20

DECEMBER 9

20

20

20

20

20

DECEMBER 10

20

20

20

20

20

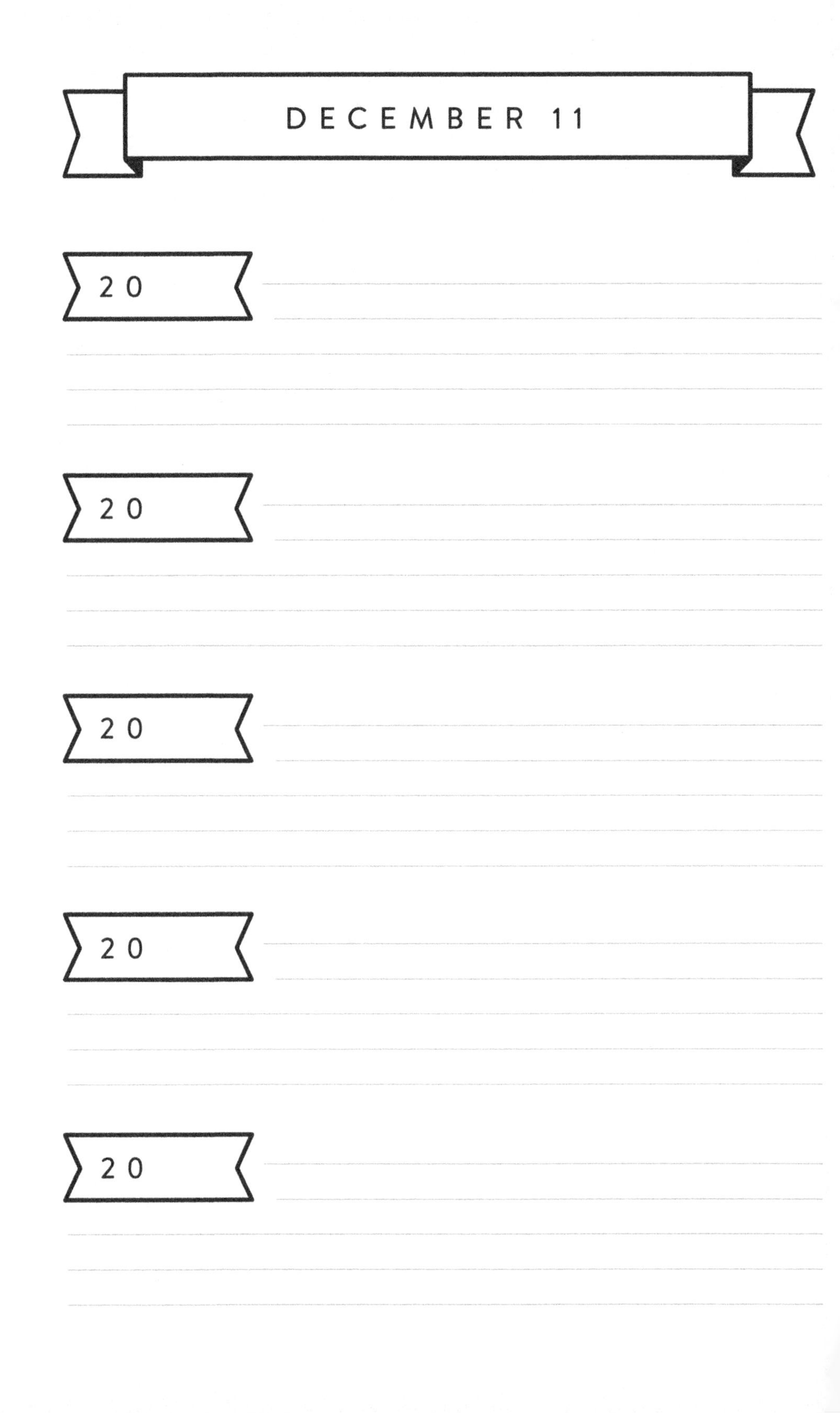
DECEMBER 11
20
20
20
20
20

DECEMBER 12

20

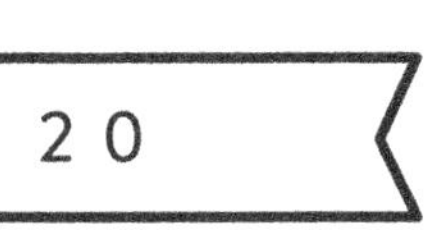

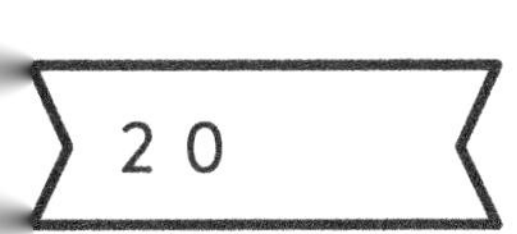

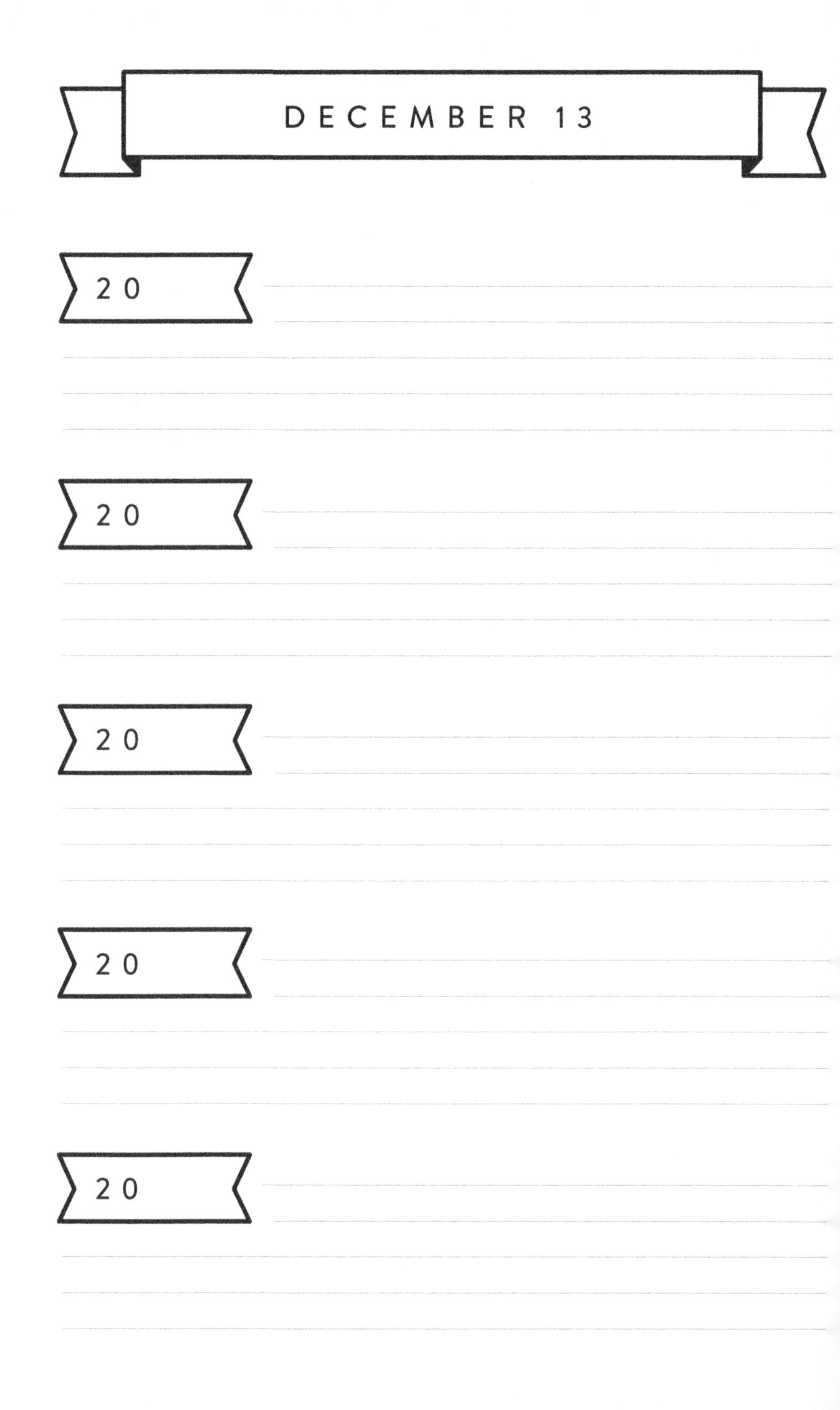
DECEMBER 13
20
20
20
20
20

DECEMBER 14

20

20

20

20

20

DECEMBER 15

20

20

20

20

20

DECEMBER 16

20

20

20

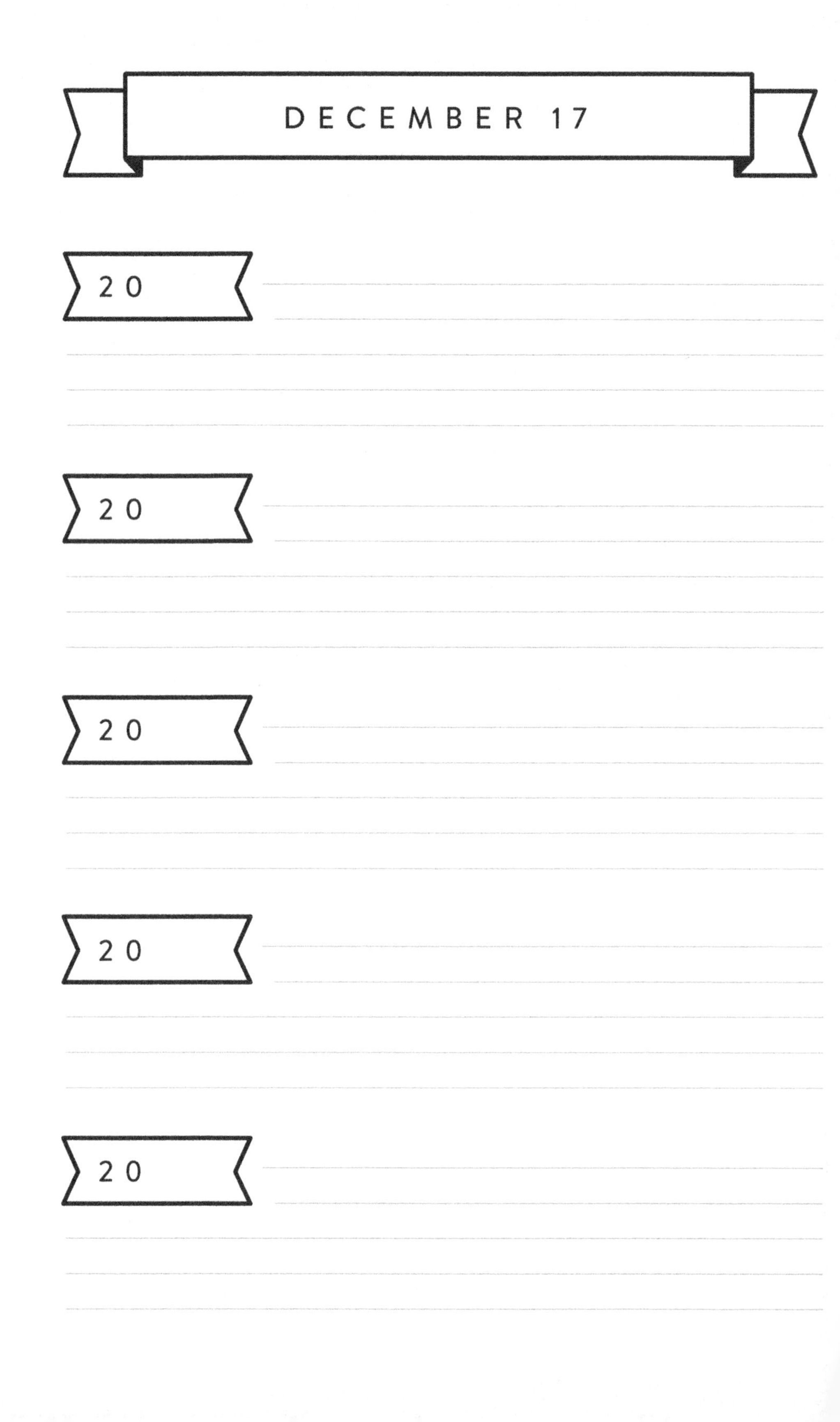
DECEMBER 17
20
20
20
20
20

DECEMBER 18

20

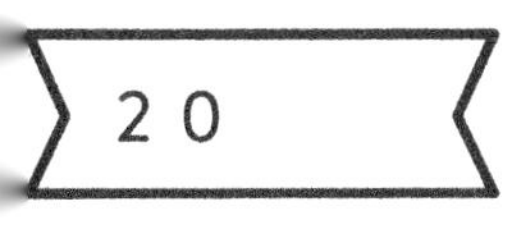

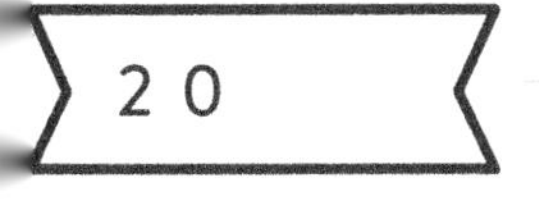

DECEMBER 19

20

20

20

20

20

DECEMBER 20

20

20

20

20

20

DECEMBER 21

20

20

20

20

20

DECEMBER 22

20

20

20

20

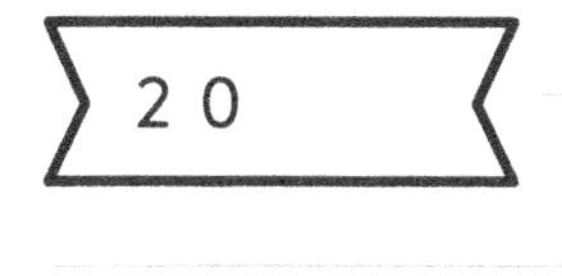

DECEMBER 23
20
20
20
20
20

DECEMBER 24

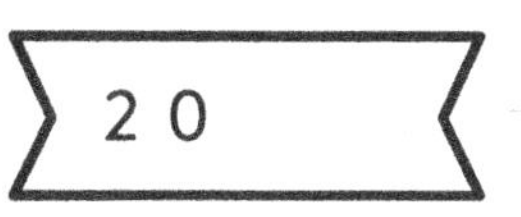

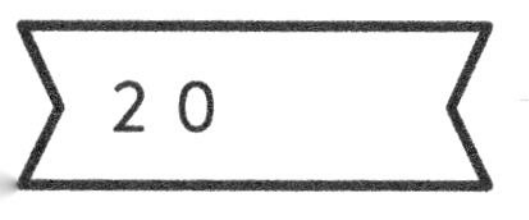

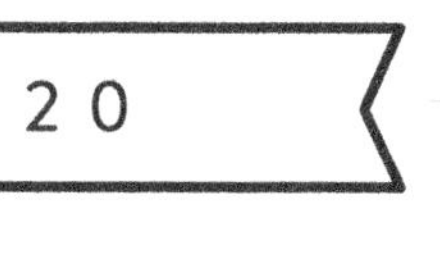

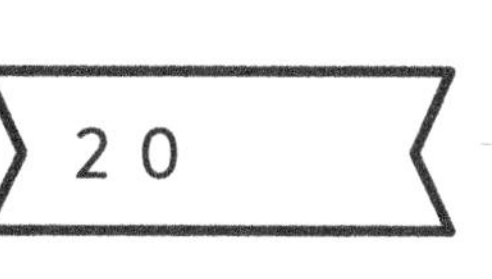

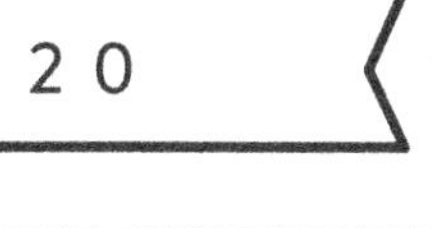

DECEMBER 25

20

20

20

DECEMBER 26

20

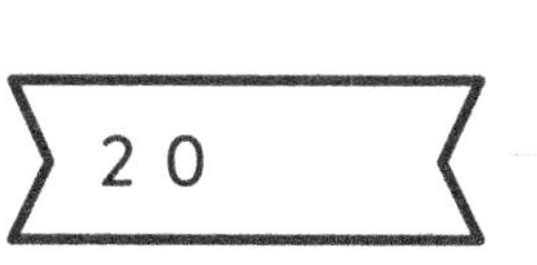

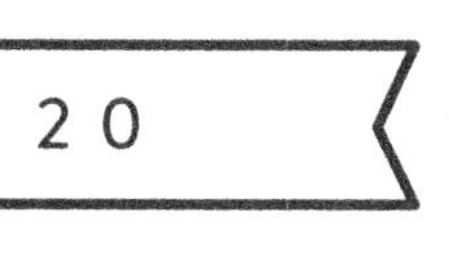

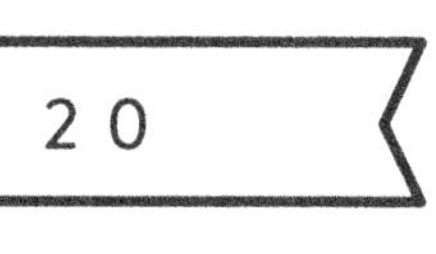

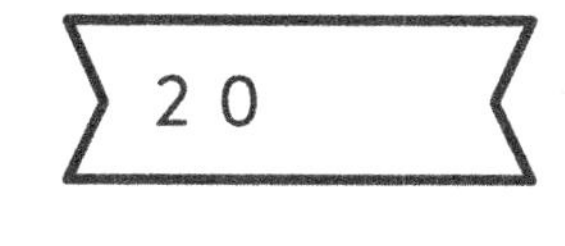

DECEMBER 27

20

20

20

20

20

DECEMBER 28

20

20

20

20

20

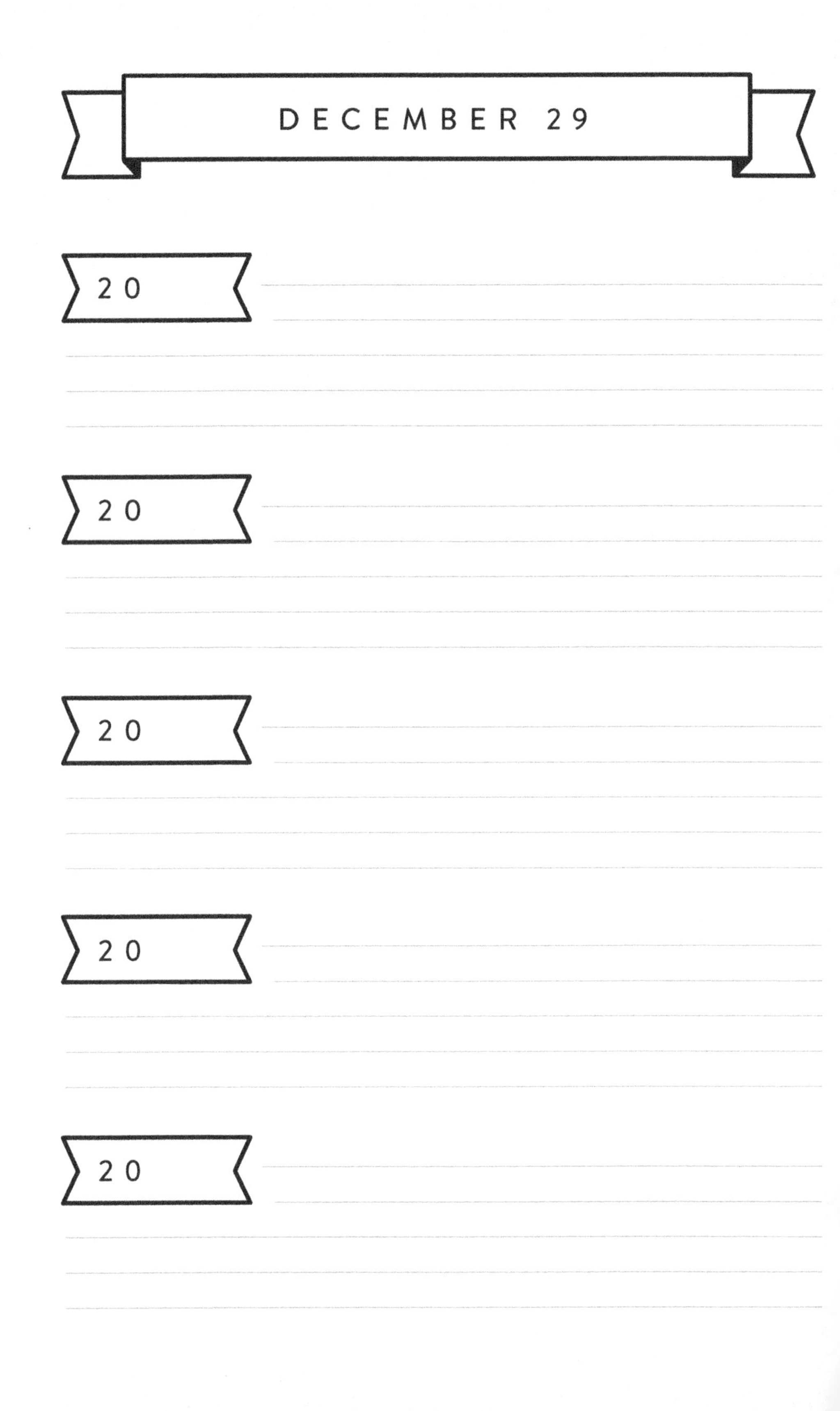
DECEMBER 29
20
20
20
20
20

DECEMBER 30

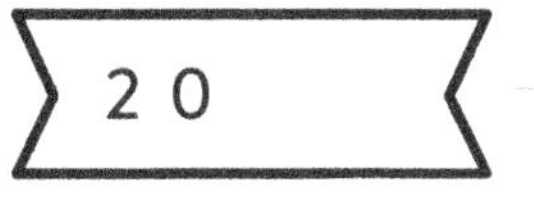

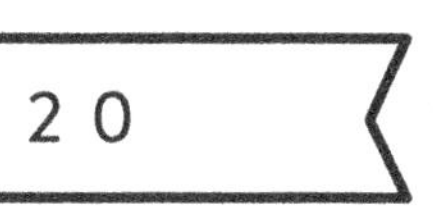

DECEMBER 31
20
20
20
20
20

Made in United States
Orlando, FL
30 November 2022